Jaap ter Haar

Lea im Zoo

Aus dem Niederländischen
von Ita Maria Berger

Urachhaus

Die niederländische Originalausgabe erschien 2009 unter dem Titel
Lotje in de dierentuin beim Verlag Ploegsma, Amsterdam.

Die Übersetzung dieses Buches wurde vom Nederlands Literair
Productie- en Vertalingenfonds, Amsterdam finanziell gefördert.

ISBN 978-3-8251-7759-1

Erschienen 2011 im Verlag Urachhaus
www.urachhaus.com

Inhalt

Lea

Lea wohnte früher in einem langweiligen Haus in einer
furchtbar langweiligen Straße, in der nie etwas passierte. Ihr Vater ist Tierarzt, und jeden Tag kamen Leute mit
kranken Katzen, Hunden, Meerschweinchen, Wellensit-
tichen, Tauben, Enten, Eidechsen oder Kaninchen zu
ihm. Ab und zu kam auch mal jemand mit einem kranken Fisch in einer Glasschüssel oder einem Marmeladen-
glas vorbei. Viele Kinder hätten es vielleicht aufregend
gefunden, dass so viele Leute mit ihren Tieren kommen,
aber Lea war alles andere als begeistert davon. Denn jedes Mal, wenn die Leute mit ihren kranken Tieren zu
ihrem Vater in die Sprechstunde kamen, mussten sie und
ihre Geschwister ganz leise sein.
Lea hat einen großen Bruder. Er heißt Julian und ist ein
paar Jahre älter als sie. Und eine Schwester hat sie auch,
Anna. Mann, kann die zickig sein! Lea findet, dass Anna
immer über alles bestimmen will und ständig alles besser weiß. Na ja, manchmal findet sie sie auch ganz nett,
aber meistens … Wenn Lea ganz ehrlich ist, würde sie
ihr manchmal am liebsten eine scheuern.

Aber eines Tages passierte etwas. Ja, tatsächlich! In ihrem langweiligen Haus in der langweiligen Straße passierte am helllichten Nachmittag etwas ganz Besonderes. Lea saß gerade mit ihrer Familie am Tisch und trank Tee, den sie genauso langweilig fand wie ihr Haus und ihre Straße. Alles begann damit, dass plötzlich das Telefon läutete ...

Ab in den Zoo

Leas Vater nahm den Hörer ab.
»Praxis Dr. Himpe, guten Tag.«
Lea, Anna und Julian dachten alle drei das Gleiche: Es wird wohl wieder eine von diesen Damen mit einer kranken Katze sein. Ihre Mutter ließ sich nicht davon ablenken, ihnen Tee einzuschenken. Julian versuchte, einen Keks aus der Dose zu mopsen, die auf dem Tisch stand, und Anna meckerte, dass sie schon wieder so viele Hausaufgaben zu erledigen hätte.
Doch plötzlich blickten alle zu ihrem Vater. An seiner Stimme konnte man hören, dass etwas Besonderes im Gange war. Das sah man auch an seinem Gesicht: Er sah so fröhlich aus!
»Es klappt also?«, fragte Leas Vater. »Das ist ja wunderbar, ich freue mich sehr, dass Sie mich angerufen haben!«
Er legte auf und nickte Leas Mutter lächelnd zu. »Sie haben mich genommen!«, sagte er. Er sah richtig glücklich aus.
»Wie, *genommen*?«, fragte Julian.
»Ist es etwas Gutes?«, fragte Anna.

»Ich werde als Tierarzt in einem sehr großen Zoo arbeiten«, sagte ihr Vater mit einem strahlenden Lächeln.
»Uff!« Lea hüpfte aufgeregt von ihrem Stuhl. Ein Zoo! Das klang zu schön, um wahr zu sein! »Werden wir dort auch wohnen?«, fragte sie, und stellte sich ungeduldig vor ihren Vater.
Er nickte.
»Gibt es in dem Zoo viele Tiere?«
Leas Vater nickte wieder.
»Auch Affen und Elefanten?«
»Natürlich«, sagte er. »Affen, Elefanten, Nilpferde, Schlangen, Krokodile, Löwen, Tiger, Rehe und Hirsche, Fische, Robben ... alle Tiere, die man sich in einem Zoo vorstellen kann.«
Lea war einen Moment sprachlos. Es war so schön, dass ihr die Worte fehlten. Sie würden in einen Zoo umziehen! Wegziehen aus dieser langweiligen Straße!
»Uff!«, sagte sie noch einmal. Das sagte sie immer, wenn etwas Besonderes passierte.
»Das ist mal was ganz anderes«, sagte Julian und pfiff leise durch die Zähne.
»Werden wir in einem Haus in der Nähe des Zoos wohnen?«, fragte Anna.
»Ja«, sagte ihr Vater, »gleich neben dem Zoo, direkt hinter einem großen Teich mit Enten und Schwänen.«
»Uff!«, sagte Lea wieder. Wenn sie von ihrem Zuhause aus einfach so alle Tiere besuchen könnte, würde sie sich bestimmt nie mehr langweilen.

»Ich hoffe, ich finde dort gute Freundinnen«, sagte Anna.

»Klar, die Affen«, sagte Julian grinsend. Er sah Anna bereits vor sich, wie sie auf dem Affenfelsen saß.

»Dann gehörst du wohl zu den Eseln«, sagte Anna wütend.

»Kinder!«, ermahnte ihre Mutter sie. »Hört auf damit!«

Eine Weile redeten alle durcheinander: Ihre Mutter sprach von dem neuen Haus, ihr Vater vom Umzug, Anna von neuen Freundinnen und Julian von der neuen Schule. Nur Lea war ruhig. Sie dachte an all die Tiere im Zoo. Das muss man sich ja auch mal vorstellen: direkt neben Affen, Elefanten, Löwen und Tiger zu wohnen!

Erst als alle anderen wieder ruhig waren, sagte Lea ganz leise: »Uff!«

Sie hoffte, dass sie schon bald umziehen würden …

Endlich, nach vielen, vielen Tagen und Nächten, war es so weit. Das ganze Haus war leer. Es befand sich überhaupt nichts mehr darin. Die Männer von der Umzugsfirma hatten alle Kartons, Tische, Stühle, Betten, Matratzen, Schränke, Koffer, Teppiche, Lampen, Bilder und alle anderen Sachen aus dem Haus getragen und in den großen Umzugswagen geladen.

»Fahren wir jetzt endlich los?«, fragte Lea bestimmt schon zum zehnten Mal.

Und Leas Mutter antwortete geduldig, auch zum zehnten Mal: »Nicht nerven, Schatz.«

Dann lief Leas Mutter noch ein letztes Mal durch das

leere Haus, um nachzusehen, ob sie auch wirklich nichts vergessen hatte. Ihre Schritte hallten auf den kahlen Parkettböden und auf der Treppe wider.

»Wann fahren wir denn endlich?«, fragte Lea, als ihre Mutter aus der Tür trat.

»Nicht nerven, Schatz.«

Lea seufzte tief. Wie lange sollte das denn noch dauern? Jetzt mussten sie sich noch von den Nachbarn verabschieden. Leas Mutter kaufte noch schnell etwas zu Essen und zu Trinken für unterwegs und Leas Vater ging los, um den Hausschlüssel abzugeben. Dann endlich, endlich wurden die Türen des Umzugswagens verriegelt.

»Fahren wir jetzt?«, fragte Lea zum zigsten Mal.

Und dann sagte ihre Mutter endlich: »Ja!«

Sie stiegen alle ins Auto. Leas Vater hupte und alle winkten den Nachbarn, dem Bäcker und dem Gemüsehändler zu. Dann fuhr Leas Vater hinter dem großen Umzugswagen her, verließ die langweilige Straße und bog um die Ecke. Nur noch ein paar Stunden, dann würden sie in ihrem neuen Haus am Zoo ankommen. Lea kniff kurz die Augen ganz fest zusammen. Nur noch ein paar Stunden, dann würde sie alle Tiere sehen können: die Zebras, die Schildkröten, die Kraniche und die Bären, die Füchse und die Flusspferde ...

Endlich, endlich hatte der Umzug wirklich begonnen.

»Hier ist es«, sagte Leas Vater. Er trat auf die Bremse und das Auto blieb stehen. »Das ist unser neues Zuhause!«

Julian war bereits aus dem Auto gesprungen und Lea rannte hinter ihm her. Strahlend schaute sie sich um. »Oohhh«, sagte sie leise. Es war alles noch viel schöner, als sie es sich vorgestellt hatte.

Das neue Haus war von einem ziemlich großen Garten umgeben, in dem es viele hohe Bäume, Blumen und einen schönen Rasen gab. Direkt hinter dem Haus lag der Zoo. Durch die Gitterstäbe des hohen Zauns hindurch sah Lea Enten und Schwäne auf einem Teich herumschwimmen. Dahinter erkannte sie Wege, gesäumt von Bäumen, Büschen und Rasenflächen. Überall waren Häuser, Ställe und Käfige zu sehen. Ob darin die Tiere lebten?

Lea lief zum Zaun, holte tief Luft, drückte ihr Gesicht gegen die Gitterstäbe und sah sich in dem großen Zoo um. Störche standen wie Skulpturen reglos am Rand des Teichs. Oben in den Baumwipfeln sangen Hunderte von Vögeln in den höchsten Tönen. Die Giraffen ragten mit ihren langen Hälsen über das Gebüsch hinaus. In der Ferne ertönte das Gebrüll eines Löwen.

»Oohhh«, flüsterte Lea noch einmal. Sie konnte es kaum glauben, dass sie hier wirklich wohnen würde. Alles war hundert-, nein tausendmal besser als in ihrem langweiligen Haus in der langweiligen Straße, in der nie etwas passierte. Eines wusste sie schon jetzt ganz genau: Sie würde sich in ihrem neuen Zuhause, mit den vielen Tieren in der Nähe, bestimmt nie, nie wieder langweilen.

Ein neuer Freund

Lea frühstückte. Ihr erstes Frühstück im neuen Haus. Alles war noch etwas chaotisch, weil die Kisten noch nicht vollständig ausgepackt waren, aber das störte Lea nicht. Eilig schlang sie ihr Brot hinunter. Sie wollte so schnell wie möglich losziehen, in den Zoo, zu den Affen, Elefanten und Tigern. Julian und Anna waren bereits in der Schule.

Leas Vater war schon früh zu seiner neuen Praxis im Hauptgebäude des Zoos aufgebrochen. Dort befand sich auch die Krankenstation für die Tiere. Leas Mutter räumte den Tisch ab und betrachtete seufzend die vielen unausgepackten Umzugskartons und Koffer.

Lea steckte sich den letzten Bissen in den Mund. Fertig! Jetzt konnte sie endlich den Zoo besichtigen.

Sie glitt von ihrem Stuhl und wollte hinausgehen.

»Tschüss Mama, ich geh' jetzt!«

Leas Mutter sah sie erstaunt an. »Wohin?«, fragte sie.

»Na, zu den Affen, Elefanten und all den anderen Tieren natürlich«, sagte Lea. Dass sich ihre Mutter das nicht denken konnte!

Aber Leas Mutter schüttelte den Kopf.

»Nein, Lea, kommt nicht in Frage! Allein darfst du nicht in den Zoo gehen.«

»Warum denn nicht?«, fragte Lea enttäuscht.

»Weil du dazu noch zu klein bist. Es könnte dir alles Mögliche dort passieren.«

»Was denn?«, fragte Lea, halb wütend, halb traurig. »Ich werde auch ganz bestimmt gut aufpassen.« Das wäre ja noch schöner, dachte Lea. Seit Wochen hatte sie sich auf den Zoo gefreut, und jetzt, wo es endlich so weit war, dass sie hineingehen konnte, durfte sie nicht. Tränen traten ihr in die Augen.

Wieder schüttelte Leas Mutter den Kopf. »Es könnte dir dort alles Mögliche passieren«, erklärte sie. »Du könntest von einer Brücke fallen, während du die Schwäne fütterst. Ein Wolf könnte dich beißen, wenn du ihm zu nahe kämest. Ein Elefant könnte dir durch die Gitterstäbe hindurch mit seinem langen Rüssel einen Schlag versetzen.«

»Und wenn ich verspreche, dass ich ganz, ganz vorsichtig bin?« Lea stellte sich dicht vor ihre Mutter und sah sie bettelnd an. »Bitte, ich werde auch ganz bestimmt keine Tiere streicheln und nicht zu nah an die Käfige herangehen. Und … und …« Was könnte sie noch sagen, um ihre Mutter zu überreden? »Und ich werde auch ganz bestimmt von keiner Brücke fallen!«

»Nein, mein Schatz, ich erlaube es wirklich nicht!«, sagte Leas Mutter. Ihre Stimme klang sehr energisch.

»Aber ein Zoo ist doch nicht gefährlich.«

»Das habe ich auch nicht behauptet«, sagte Leas Mutter mit einem Lächeln. »Aber kleine Kinder wie du kommen oft auf dumme Gedanken.«

»Aber es sind doch vor allem Kinder, die den Zoo besuchen!«, fuhr Lea fort. Das hatte ihr Vater selber gesagt.

»Das stimmt, aber die Kinder kommen in Begleitung ihrer Eltern. Oder mit älteren Geschwistern oder Lehrern. Aber kleine Mädchen wie du gehen nie allein in den Zoo. Wirklich nicht.«

Lea stampfte wütend mit dem Fuß auf.

»Das ist gemein!«, rief sie. »Ich möchte so gern die Tiere sehen.«

»Du kannst mir beim Spülen helfen«, sagte Leas Mutter schnell.

»Und danach gehen wir dann zusammen in den Zoo?«

Lea schaute ihre Mutter hoffnungsvoll an, aber sie schüttelte schon wieder den Kopf.

»Heute Vormittag nicht«, sagte sie. »Ich habe hier sehr viel zu tun. Ich muss noch im ganzen Haus für Ordnung sorgen, Gardinen aufhängen, Kartons auspacken und Schränke einräumen.«

Traurig blickte Lea zu Boden. Jetzt wohnte sie schon direkt neben einem Zoo und trotzdem musste sie sich immer noch langweilen!

»Guck doch nicht so traurig«, sagte ihre Mutter, »der Zoo läuft dir schon nicht weg.«

Lea schaute zum Fenster hinaus. Hinter dem Zaun ihres

neuen Gartens lag der große Teich, auf dem weiße Schwäne majestätisch ihre Runden zogen. Sie sah die Gehege der Bären, Zebras und Rehe. In der Ferne überragten die Giraffen mit ihren langen Hälsen die Büsche. Es war schrecklich. Die Tiere waren ganz nah, und sie konnte trotzdem nicht zu ihnen.

Plötzlich kam Lea der Gedanke, dass sie vielleicht vom Garten aus die Enten und Schwäne füttern könnte.

»Darf ich draußen auf dem Rasen spielen?«, fragte sie.

»Das kannst du machen«, sagte Leas Mutter, »aber versprich mir, dass du den Garten nicht verlässt.«

Lea nickte. Kurz darauf ging sie mit einer Tüte voller Brot für die Enten in der Hand nach draußen. Das Wetter war herrlich. Die Vögel in den Bäumen trällerten fröhlich vor sich hin und aus der Ferne hörte man die Geräusche der anderen Tiere.

Lea stand mit einem Stück Brot in der Hand am Zaun und rief nach den Enten.

»Hallo, dicke Ente! Schau mal, was ich hier habe!«

Aber die Ente kam nicht zu ihr geschwommen. Sie schnatterte kurz und tauchte dann ihren Kopf ins Wasser. Ein großer Schwan trieb langsam auf das Ufer zu.

»He! Schwan!«, rief Lea. »Komm doch mal her! Ja, komm zu mir. Du brauchst keine Angst zu haben. Ich hab hier was für dich.«

Der Schwan bog für einen Moment seinen langen, schlanken Hals nach unten. Ob er sie gehört hatte? Lea streckte

18

ihre Hand mit dem Brot so weit wie möglich durch den Zaun hindurch. »Komm doch endlich her, du Trottel!«, rief sie so laut sie konnte.

»Na, na, na …«, hörte sie auf einmal eine tiefe Männerstimme sagen. »Du meinst doch wohl nicht mich?«

Lea blickte erschrocken zur Seite. Auf der anderen Seite des Zauns stand ein Mann in einem grünen Overall. Er hatte eine Schubkarre bei sich.

»Ich … ich … nein, ich hab nicht Sie gemeint, sondern den Schwan«, stotterte Lea.

»Aha, ich dachte schon, du würdest mich rufen … und mich für einen Trottel halten«, sagte der Mann und blickte lächelnd auf Lea hinunter. »Du bist bestimmt die kleine Tochter unseres neuen Arztes, oder?«

Lea nickte. Und weil der Mann so nett aussah, erzählte sie ihm, dass sie Lea hieß und dass sie erst gestern hier eingezogen wären.

»Und hast du schon alle unsere Tiere gesehen?«

Traurig schüttelte Lea den Kopf.

»Ich habe noch gar nichts von dem Zoo gesehen«, sagte sie. »Gestern hatten wir keine Zeit mehr, weil wir so viel auszupacken hatten. Und heute geht es nicht, weil meine Mutter so viel zu tun hat. Mein Vater ist zu den kranken Tieren gegangen, und Anna und Julian sind in der Schule. Alleine darf ich nicht in den Zoo gehen. Meine Mutter meint, dass ich dann etwas Dummes anstellen könnte.«

»Aha? Was denn zum Beispiel?«, fragte der Mann.

Lea zuckte die Schultern. »Tiger streicheln, ins Wasser fallen oder ... äh ... in den Löwenkäfig kriechen. Aber so etwas Dummes würde ich natürlich nie machen!«

Der Mann stellte seine Schubkarre ab und kam zu ihr an den Zaun.

»Hast du vielleicht Lust, mich zu begleiten?«, fragte er plötzlich.

»Sie begleiten? Und wohin?« Lea sah ihn erstaunt an. »Wer sind Sie denn?«

»Ich bin Tierpfleger hier. Ich versorge die Tiere. Ich bringe ihnen ihr Futter, mache ihre Häuser sauber und kümmere mich um sie, wenn sie krank sind. Wenn du willst, kannst du mitkommen. Ich bin gerade auf dem Weg zu den Nilpferden.«

»Uff! Ja!«, rief Lea erfreut und wollte schon zum Gartentor hinauslaufen.

»Sollten wir nicht zuerst deine Mutter fragen, ob sie einverstanden ist?«

Der Tierpfleger kam zu ihr in den Garten, und gemeinsam liefen sie zum Haus.

Leas Mutter blickte verwundert auf, als Lea plötzlich mit einem wildfremden Mann in der Küche stand.

»Guten Morgen, Frau Himpe, ich bin Jan Nilmann, einer der Tierpfleger«, sagte der Mann schnell, da Leas Mutter ihn so neugierig musterte. »Hätten Sie etwas dagegen, wenn ich Lea mit in den Zoo nehmen würde? Ich werde auch gut auf sie achten – ich bin es ja gewohnt, im Zoo auf alles aufzupassen.«

»Bitte, Mama! Darf er? Ja?«, bettelte Lea.

»Fällt sie Ihnen denn nicht zur Last?«, fragte Leas Mutter vorsichtig.

»Ach was«, sagte der Tierpfleger. Er zwinkerte Lea zu und ließ dann den Blick über ihr schönes Kleid schweifen. »Es wäre allerdings gut, wenn du vorher ein paar alte Sachen anziehen könntest. In den Tierhäusern ist es oft ziemlich dreckig. Hast du vielleicht auch Gummistiefel?«

Lea nickte.

»Dann würde ich die an deiner Stelle anziehen.«

»Zieh mal die alte Gartenhose und den roten Pulli an«, sagte Leas Mutter. »Und lass Herrn Nilmann nicht so lange warten. Er hat bestimmt sehr viel zu tun.«

»Sie können mich ruhig Jan nennen«, sagte der Tierpfleger, als Lea aus der Küche rannte, um sich umzuziehen. »Sie haben übrigens eine sehr nette kleine Tochter!«

Leas Mutter lachte. »Aber manchmal ist sie ein bisschen vorlaut. Das liegt vermutlich daran, dass sie die Jüngste ist. Sie wird es wunderbar finden, Sie zu begleiten. Sie hat schon den ganzen Morgen ungeduldig gezappelt und wäre am liebsten sofort in den Zoo gegangen. Sie liebt Tiere, genau wie ihr Vater.«

»Dann wird sie hier viel Freude haben«, sagte der Tierpfleger. »Wir haben sehr viele Tiere. Von Ameisen und Käfern bis zu Fischen und Vögeln, Elefanten und Nashörnern haben wir alles da!«

Kurze Zeit später marschierte Lea gemeinsam mit dem Tierpfleger Jan in den Zoo.

Endlich, endlich war es so weit! Entzückt schaute sie sich um. Zuerst liefen sie an dem Teich entlang, den Lea schon kannte. Dann kamen sie an einem Käfig mit niedlichen, kleinen braunen Bären vorbei. Uff! Es gab hier so viel zu sehen: Gazellen aus Afrika, Eisbären, Tiger und Pinguine im schwarzen Frack, die wie altkluge kleine Herren selbstbewusst über die Felsen watschelten.

Am liebsten wäre Lea überall stehen geblieben, um zu schauen. Aber das ging natürlich nicht. Jan musste zu den Nilpferden.

»Gefällt dir unser Zoo?«, fragte er, als sie für einen Moment bei den Seelöwen stehen blieben. Die Tiere schienen mit ihren glatten Körpern durch das Wasser zu schweben, sie tauchten auf und wieder unter ... auf und wieder unter ...

»Und wie, Herr Nilmann!«, sagte Lea mit einem tiefen Seufzer. Es war alles noch viel aufregender, als sie es sich vorgestellt hatte.

»Ich finde, du könntest einfach Jan zu mir sagen.«

»Okay«, sagte Lea. Sie wusste schon jetzt, dass Jan ein guter Freund von ihr werden würde.

Sie liefen am Affenhaus vorbei, wo die Schimpansen alle zum Lachen brachten, dann kamen die Gehege der Giraffen und der Elefanten.

Jan deutete geradeaus. »Siehst du das Gebäude dort? Da müssen wir hin.«

22

»Wohnen dort die Nilpferde?«, fragte Lea. Sie hatte noch
nie ein echtes Nilpferd gesehen.
Jan nickte. »Heute bin ich besonders gespannt auf sie«,
sagte er geheimnisvoll. »Denn wer weiß, vielleicht ist da
etwas Besonderes geschehen. Etwas ganz Besonderes.«

»Was denn?«, fragte Lea.

»Es kann jeden Moment ein Nilpferdbaby geboren werden. Vielleicht ist es aber auch schon heute Nacht passiert.«

»Wirklich? Ein Nilpferdbaby!«, rief Lea.

»Wer weiß«, lachte Jan und stellte seine Schubkarre ab. Aus seiner Tasche holte er einen großen Schlüsselbund hervor und steckte einen der Schlüssel in das Türschloss. Sie betraten das Nilpferdehaus. In der Luft hing ein seltsamer Geruch, fand Lea. Es roch nach … hmmm, nach Nilpferd natürlich. Sie liefen einen Flur entlang, der von hohen, eisernen Gitterstäben umgeben war. In einer Ecke lag ein riesiger Heuhaufen. Am Ende des Flurs befand sich ein großes Tor aus Gitterstäben.

»Dort wohnt unsere Nilpferddame«, erzählte Jan.

Lea sah durch die Gitterstäbe. Dahinter war ein tiefes Wasserbecken, gefüllt mit grünlichem Wasser. Weiter gab es nichts zu sehen.

»Hat das Nilpferdweibchen hier ihr Nest?«, fragte sie erstaunt.

Jan lachte. »Nilpferde bauen keine Nester, Lea. Die Nilpferdbabys werden unter Wasser geboren. Ganz tief unter der Wasseroberfläche. Das ist der sicherste Ort dafür, verstehst du? Dort unter Wasser kommt keiner hin. Da haben sie ihre Ruhe.«

Es war mucksmäuschenstill im Nilpferdhaus. Ein paar kleine Wellen kräuselten die grüne Wasseroberfläche. Das war alles.

»Ob das dicke, schwere Nilpferd wohl da unten im Wasser ist?«

»Genau, sie sitzt auf dem Boden«, sagte er.

»Woher weißt du denn dann, ob sie das Baby schon bekommen hat?«, fragte Lea. Es war rein gar nichts zu sehen.

»Die Kleinen müssen ab und zu an die Oberfläche kommen, um zu atmen«, sagte Jan. »Mama Nilpferd kann bis zu sechs Minuten lang unter Wasser bleiben, aber die Babys müssen öfter auftauchen, um zu atmen.«

Lea starrte durch die Gitterstäbe auf das Wasser. Plötzlich griff sie nach Jans Hand. Die Wasseroberfläche begann Wellen zu schlagen.

»Schau, Lea, da!«

Aber Lea hatte es schon gesehen. Zwei kleine Ohren und dann zwei kleine, runde Äuglein tauchten aus dem Wasser auf. Prustend und schnaubend erschien nun auch eine kleine Nilpferdnase.

»Das war das Baby!«, rief Jan aufgeregt. »Es ist also wirklich schon heute Nacht passiert! Und du bist die Erste, die es zu Gesicht bekommt, Lea!«

»Ich habe nur ein ganz kleines bisschen von seinem Kopf gesehen«, sagte Lea. Sie war etwas enttäuscht, weil das Nilpferdbaby gleich wieder abgetaucht war. »Was macht es denn da unten eigentlich?«

»Bei seiner Mutter trinken, vermute ich. Pass auf, gleich wird es wieder auftauchen!«

Lea hielt den Atem an. Zusammen starrten sie auf das Wasser.

Plötzlich schwappten große Wellen über den Rand des Beckens. Es war ein lautes Schnauben zu hören. Jetzt kam auch Mama Nilpferd an die Oberfläche, um nach Luft zu schnappen – und was noch besser war: das Nilpferdbaby saß oben auf ihrem breiten Kopf. Lea konnte das Jungtier nun richtig gut sehen. Das war ein putziger Anblick!

Mama Nilpferd schüttelte ihren Kopf hin und her, sodass das Kleine ins Wasser hinunter rutschte.

»Kann es denn schon schwimmen?«

Jan nickte. »Schau doch, wie es mit seinen kleinen, dicken Beinchen strampelt, um voranzukommen.«

Mutter Nilpferd schwamm langsam hinter ihrem Baby her. Manchmal stupste sie es mit ihrem Kopf an, als ob sie sagen wollte: »Na los, Kleines. Schwimm!«

»Wie süß!«, flüsterte Lea. Es war herrlich, zuzusehen, wie Mutter und Kind miteinander spielten. Ab und zu tauchten sie ab und blieben eine Weile verschwunden, um dann wieder mit lautem Prusten und Schnauben aufzutauchen.

»Und was macht ein Nilpferdbaby, wenn es müde wird?«, fragte Lea. Sie konnte nirgends einen Platz entdecken, wo die Nilpferde gemütlich schlafen konnten.

»Nilpferde schlafen im Wasser. Weil sie so dick sind, treiben sie oben.«

Die Nilpferdmutter tauchte wieder auf. Sie öffnete ihr Maul weit und sah aus, als würde sie gähnen. Lea sah die großen, gelblich verfärbten Zähne in dem hellrosa Maul.

»Uff!« Ein so riesiges Maul hatte sie noch nie gesehen.

Die Mutter sah sich um, als würde sie etwas suchen.

»Sie schaut nach, ob ihr Essen schon da ist«, sagte Jan. »Komm mit! Wir holen ihr Futter. Sie muss jetzt für zwei essen: für sich und das Baby, das bei ihr trinkt.«

»Was essen Nilpferde denn?«, fragte Lea.

»Oh, alles Mögliche«, antwortete Jan. »Hauptsächlich Gemüse, Blätter, Wasserpflanzen. Ungefähr 40 Kilo pro Tag.«

»Ist das viel, 40 Kilo?« Davon hatte Lea keine Ahnung.

»Allerdings! Das sind einige bis zum Rand gefüllte Schubkarren!«, lachte Jan.

Mit der Schubkarre machten sie sich auf den Weg, um das Futter für die Nilpferde zu holen. Jan ging zu den Nilpferden hinein und stapelte das Futter an einer Stelle, an der sie leicht aus dem Wasser steigen konnten.

Lea wunderte sich, dass er keine Angst hatte. Wenn das dicke, schwerfällige, riesige Nilpferd nun plötzlich aus dem Wasser käme ...

Jan fegte in aller Ruhe den Platz um den Futterstapel sauber, fuhr die Schubkarre nach draußen und schloss die Gittertür wieder.

Sofort passierte das, was Lea sich erhofft hatte. Mutter Nilpferd hatte das Futter erspäht und erhob sich langsam aus dem Wasser. Dann trottete sie schwerfällig die Rampe hinauf und betrat das Ufer.

»Die ist ja riesig!« Lea wusste bis dahin nicht, dass Nilpferde so groß, so dick und so lang waren.

Das Baby war ungefähr so groß wie ein ausgewachsenes Schwein. Es wackelte auf seinen dicken Beinchen ungelenk hinter seiner Mutter her und schien das Laufen viel anstrengender zu finden als das Schwimmen.

»Mahlzeit, Dicke Marie«, sagte Jan. »So heißt die Nilpferd-Mama.«

Lea sah, dass die Dicke Marie ihr Maul weit aufsperrte. Ob sie vor Hunger gähnte?

»Das macht sie, weil ich hier stehe«, lachte Jan. »Weißt du warum?«

Lea schüttelte den Kopf.

»Weil sie es gern hat, wenn ich sie kitzele.«

»Innen in ihrem Maul?« Das konnte Lea kaum glauben. »Doch, wirklich«, sagte Jan. »Soll ich es dir zeigen?« »Ist das nicht gefährlich?« Lea betrachtete das große rosa Maul mit den dicken, gelblichen Zähnen darin. Von der Dicken Marie gebissen zu werden, würde bestimmt sehr weh tun. Da war sie sich sicher!

»Keine Sorge, mich beißt sie nicht«, sagte Jan stolz. »Dafür kennt sie mich schon zu gut.« Er ging wieder zu den Nilpferden hinein. Und tatsächlich: Die Dicke Marie riss das Maul noch einmal weit auf. Jan steckte seinen Arm fast bis zur Hälfte hinein und begann, die Dicke Marie oben am Gaumen zu kitzeln. Sie genoss es sichtlich, das war an ihrer dicken, rundlichen Schnauze deutlich zu erkennen. Es sah aus, als würde sie lachen.

Das Nilpferdbaby hatte sich schnell in Sicherheit gebracht. Halb versteckt hinter dem wuchtigen Hinterteil seiner Mutter sah es neugierig zu. Es fürchtete sich noch etwas vor Jan. Lea kam der Gedanke, dass es gerade zum ersten Mal einen Menschen sah.

Nachdem Jan kurze Zeit später die Gittertür wieder abgesperrt hatte, begann die Dicke Marie zu essen. Es war unglaublich! Die vielen Schubkarrenladungen mit Gemüse und Blättern verschwanden innerhalb kürzester Zeit in ihrem Bauch. Dann stieg sie zufrieden wieder ins Wasser, gefolgt von ihrem Jungen. Platsch! Da war die Dicke Marie schon wieder verschwunden. Auch das Kleine tauchte unter.

»Jetzt hast du alles gesehen«, sagte Jan, als sie draußen ihren Weg mit der Schubkarre fortsetzten. »Wie sie schwimmen, wie sie spielen, wie sie essen und wie ich Marie am Gaumen kitzele.«

»Woher kommen die Nilpferde eigentlich?«, fragte Lea neugierig. Sie wusste, dass die meisten Tiere in einem Zoo aus fernen Ländern stammten.

»Aus Afrika«, berichtete Jan. »Sie leben dort mit vielen anderen zusammen in einer großen Herde. Tagsüber schwimmen sie im Fluss oder See und ernähren sich von Wasserpflanzen. Und nachts gehen sie an Land, um noch mehr zu fressen.«

Lea kniff für einen kurzen Moment die Augen zu. Sie stellte sich vor, wie Hunderte von Nilpferden aus einem See auftauchten – gemeinsam mit ihren Jungen natürlich – und an Land gingen, um sich an den leckeren Büschen und Pflanzen dort satt zu essen. Aber war das nicht gefährlich? Was würden sie wohl tun, wenn plötzlich Löwen auftauchten? Die gab es doch auch in Afrika.

»Müssen sie manchmal kämpfen?«, fragte sie.

»Nilpferde kämpfen nicht so gern«, sagte Jan. »Es kommt ab und zu vor, dass ein Nilpferd von einem Löwen angegriffen wird. Aber weißt du, was sie machen, wenn ein hungriger Löwe auf ihren Rücken springt?«

»Sich wehren?«, fragte Lea. Wie würde so ein schwerfälliges Tier wohl gegen einen schnellen und starken Löwen kämpfen?

»Nein«, sagte Jan. »Zumindest wehrt es sich nicht, indem es kämpft. Aber es gewinnt trotzdem gegen jeden Löwen.«

»Wie denn?«

»Wenn ihm ein Löwe im Nacken sitzt, rennt das Nilpferd ins Wasser und taucht bis runter auf den Boden.«

»Und der Löwe?«

»Der lässt los, sonst würde er ertrinken, verstehst du?«

Jan sah Lea lachend an. »Die Nilpferde haben ihren eigenen Weg gefunden, ihre Feinde in die Flucht zu schlagen.« Lea nickte. Sie war froh, dass sie jetzt wusste, dass sich die dicken Nilpferde nicht von hungrigen Löwen fressen ließen.

Jan schaute auf seine Uhr. »Komm mit, Lea«, sagte er. »Wir müssen jetzt zum Futterhaus, um das Futter für die Kamele zu holen.«

Lea nickte zufrieden. Sie gab Jan die Hand. Was hatte sie doch für ein Glück, einen solchen Freund zu haben, der über alle Tiere so gut Bescheid wusste. Doch am besten war es, direkt neben dem Zoo zu wohnen.

Hand in Hand liefen Lea und Jan am Murmeltierhaus, an den Gehegen der Tiger, Füchse, Wölfe, Kängurus und Bären vorbei, um das Futter für die Kamele zu holen.

Bei den Kamelen

»Uff!«, sagte Lea. Beeindruckt sah sie sich um. Sie standen im Futterhaus, in dem das Essen für alle Tiere des Zoos gelagert wurde. Und das war eine ganze Menge: Dutzende Kisten voller Orangen und Bananen, bergeweise Karotten, Rüben und Äpfel, Kartons voll mit Eiern und Brot, Säcke voller Hafer und Mischfutter, Eimer und Wannen bis zum Rand gefüllt mit Fisch und Fleisch.

»Alles, was du hier siehst, ist innerhalb weniger Stunden verschwunden. Dann befindet sich das ganze Essen in den Mägen der Tiere«, sagte Jan, während er seine Schubkarre mit dem Futter fur die Kamele belud.

»Dass sie so viel essen können«, wunderte sich Lea.

»Na ja, wir haben hier ja auch über tausend Tiere. Da staunst du, was?«

Lea nickte. Sie war wirklich erstaunt und schaute sich noch einmal um. Jetzt konnte sie sich schon eher vorstellen, dass hier so viel Essen benötigt wurde.

»Das sind über tausend Lastwagenladungen pro Jahr«, erzählte Jan weiter. »Den Tieren hier soll es an nichts fehlen, denn wenn sie Hunger haben, werden sie böse.«

33

»Aber wenn sie so viel zu essen bekommen, warum füttern dann fast alle Besucher die Tiere auch noch?«

Lea war bereits aufgefallen, dass viele der Zoobesucher überall Nüsse, Kekse oder Gurkenstücke in die Gehege hineinwarfen.

»Es macht den Leuten Spaß, ein Tier zu füttern. Für die Tiere sind das nur kleine Leckerbissen zwischen den Mahlzeiten, so wie du ab und zu etwas Süßes isst.«

Das konnte Lea gut verstehen. Sie hätte jetzt selbst gern etwas Süßes. Oder einen von den schönen roten Äpfeln aus einer der Kisten. Jan sah ihren Blick.

»Nimm dir ruhig einen, wenn du möchtest.«

»Bekommen die Kamele auch ab und zu etwas zwischendurch?«, fragte Lea, als sie sich einen großen, glänzenden Apfel ausgesucht hatte.

»Nein, nicht so oft«, antwortete Jan. »Es läuft ein Wassergraben um das Gehege der Kamele herum. Manchmal strecken sie bettelnd ihre Köpfe so weit wie möglich über das Wasser. Und wenn nun einer der Besucher einen sehr langen Arm hat, kann er dem Kamel einen Keks oder etwas Ähnliches ins Maul stecken. Aber meistens ist der Wassergraben zu breit.«

Jan hatte inzwischen die Schubkarre bis zum Rand mit Futter vollgeladen. Er setzte Lea oben drauf und fuhr so zu den Kamelen.

Verträumt stapften die Kamele durch den losen Sand. An der Ecke des Wassergrabens, der um das Gehege herum führte, hüpfte Lea von der Schubkarre. Sie lief auf das

Ufer zu, während Jan das Futter in die Nachtquartiere der Kamele brachte.

»Geh aber nicht zu nah ans Wasser heran!«, rief Jan.

Lea schüttelte den Kopf. Das Wasser war sehr dreckig, es wäre ziemlich ekelig, wenn man da hineinfiel.

Zwei ältere Damen gesellten sich zu Lea.

»Schau mal, Jutta! Das eine Kamel kommt in unsere Richtung!«, sagte die ältere der beiden Damen und zeigte auf das Tier. »Lass nur, über den Graben wird es schon nicht kommen.«

»Große Tiere sind das, nicht wahr?«, sagte die ältere der beiden Damen und zwinkerte Lea mit einem Lächeln zu. Das Kamel blieb auf der anderen Seite des Wassergrabens stehen. Dann streckte es seinen Hals und reckte den Kopf so weit wie möglich übers Wasser. Mit seinen großen Augen schaute es die beiden Frauen bettelnd an.

»Es möchte etwas haben. Ist noch etwas in der Tüte, Rita?«

Die jüngere Frau holte eine Tüte mit Keksen aus ihrer Tasche hervor. Dann betrachtete sie den Wassergraben. War er nicht zu breit? Würde ihr Arm lang genug sein, um das Kamel füttern zu können?

»Es hat gemerkt, dass wir ihm etwas geben wollen«, sagte die andere Frau. »Es sperrt schon sein Maul auf. Gib ihm doch etwas, Rita.«

Rita holte einen Keks aus der Tüte und streckte den Arm aus. Aber das Kamel kam nicht heran.

»Du musst dich strecken und auf die Zehenspitzen stellen, dann klappt es bestimmt.« Lea schaute interessiert zu. Ob sie es wohl schaffen würde?

Das Kamel reckte den Hals langsam nach vorn. Es öffnete sein Maul und schnüffelte.

»Na? Sieh mal, was ich für dich habe!«

Doch das Kamel konnte nicht näher herankommen. Es stand bereits ganz vorn an der Kante des Geheges.

Jetzt stand Rita auf Zehenspitzen. Sie streckte sich und beugte sich so weit sie konnte nach vorn.

»Streng dich an, es fehlt nur noch ein kleines Stückchen!«

Lea sah, dass Ritas Hand sich dem Kamel immer mehr näherte. Es fehlte nicht mehr viel und es würde den Keks in seinem Maul verschwinden lassen.

Rita stand jetzt ganz vorne an der Kante. Ihr Gesicht wurde rot vor Anstrengung.

»Ich schaff's nicht!«, schnaufte sie.

»Doch«, sagte ihre Freundin, »du hast es fast geschafft. Nur noch ein ganz kleines Stück weiter vor. Komm schon … noch etwas, gleich hast du es erreicht. Weiter …«

Da passierte es! Rita machte sich noch etwas länger und streckte den Arm noch etwas weiter vor. Sie hatte es fast geschafft. Nur noch ein winzig kleines Stückchen fehlte. Also beugte sich noch ein paar Zentimeter weiter vor und –

»Jutta! Hilfe!«

Aber da hatte sie auch schon das Gleichgewicht verloren. Vor Schreck ließ sie ihre Tasche fallen, schrie, ruderte noch kurz mit den Armen durch die Luft und fiel dann der Länge nach – *Platsch!* – in das trübe Wasser.

»Oohhh!« Lea hielt sich erschrocken die Hand vor den Mund.

»J-Jutta! Hilfe!«, prustete Rita vom Wasser aus.

»Schwimm, Rita, schwimm! Zu der Ecke dort drüben!«

Zum Glück konnte die Frau schwimmen – auch wenn es sehr anstrengend war, weil sich ihr schwerer Rock im Wasser aufblähte. Schnaubend und prustend wie ein Nilpferd schwamm sie mit hektischen Schwimmzügen auf die Ecke des Wassergrabens zu. »Oh, Jutta, oh Jutta ...! Es ist s-so k-kalt!«

»Schwimm, Rita, schwimm! Beeil dich, sonst beißt dich das Kamel noch!«

Als Rita ins Wasser plumpste, war das große Kamel vor Schreck zurückgewichen. Doch nun kam es wieder näher heran und betrachte neugierig die schwimmende Gestalt unter ihm. So einen merkwürdigen, zappelnden, schreienden Fisch hatte es noch nie gesehen.

Von überall her eilten Leute herbei.

»Ein Kamel ist ins Wasser gefallen!«, rief eine schicke Dame schon von weitem. Sie kam auf ihren Stöckelschühchen herbeigetrippelt.

»Das ist kein Kamel, es ist ein Affe!«, sagte ein Junge, der besonders witzig sein wollte. Währenddessen schwamm die arme Rita schnaufend und nach Luft schnappend ans

Ufer. Vor lauter Angst und Schrecken vergaß sie völlig auszuprobieren, ob sie in dem Wassergraben vielleicht stehen könnte.

Da kam Jan angerannt. Er schob alle neugierigen Zuschauer resolut zur Seite.

»Hören Sie doch auf zu schwimmen!«, rief er. »Sie können stehen, das Wasser ist nicht tief!«

»Was soll ich bloß machen?« Jetzt stand die arme Rita im Wasser und weinte fast vor Verzweiflung.

»Tjaa …« Jan konnte sich zwar vorstellen, dass die arme Frau nicht in ihren nassen Kleidern herumlaufen konnte, aber was sollte er daran ändern?

Auch Lea wollte ihr gerne helfen. Plötzlich fiel ihr etwas ein.

»Meine Mutter hat sicher ein paar trockene Kleider für Sie«, sagte sie etwas schüchtern.

»Das ist eine gute Idee!« Jan nickte zustimmend. »Gehen Sie ruhig mit Lea mit, sie wohnt hier ganz in der Nähe.«

»Aber ich kann doch nicht so schmutzig und nass bei deiner Mutter aufkreuzen?«, jammerte Rita. »Außerdem rieche ich sicher ganz furchtbar.«

»Das macht doch nichts«, sagte Lea. »Meine Mutter wird Ihnen helfen, da bin ich mir ganz sicher.«

»Jetzt geh schon, Rita, sonst erkältest du dich noch«, sagte die andere Frau.

Die nasse Rita nickte. Dann gab sie Lea eine Hand, und im Eiltempo liefen sie zu Lea nach Hause. Die Zoobesucher schauten ihnen verwundert hinterher, so mitleid-

erregend sah Rita in ihrem langen, nassen Rock und mit ihren nassen, zotteligen Haaren aus.

Leas Mutter hatte alle Hände voll zu tun mit der nassen Frau. Schnell ließ sie ihr die Badewanne einlaufen, damit sie sich waschen konnte. Danach suchte sie trockene Kleider. Das war jedoch nicht so einfach, da die Frau größer und dicker war als Leas Mutter. Kein einziges Kleidungsstück wollte ihr passen. Doch zum Glück fand Leas Mutter noch einen weiten Rock. Dazu bekam sie einen Pullover von Leas Vater, Socken von Anna und braune Halbschuhe von Julian.

»Ach«, seufzte Rita, als sie sich im Spiegel betrachte, »da freut man sich auf einen schönen Tagesausflug, und dann passiert so etwas.« Sie schüttelte den Kopf. »Dieses blöde Kamel aber auch! Anstatt den Kopf ein bisschen weiter nach vorn zu beugen, bringt es mich dazu, dass ich mich strecke und immer weiter vorbeuge.«

»Das Kamel hatte wohl keine Lust, ins Wasser zu fallen«, sagte Leas Mutter lachend.

»Da haben Sie recht. Es war wohl etwas schlauer als ich«, meckerte Rita.

Leas Mutter holte eine Jacke. »Die können Sie anziehen und wieder in den Zoo zurückkehren. Ich habe Ihre Kleider gewaschen und zum Trocknen aufgehängt. Kommen Sie doch einfach heute Nachmittag wieder, bis dahin sind sie bestimmt trocken.«

Rita zog die Jacke an. Sie spannte ein bisschen, aber es ging gerade noch.

»Wie finde ich denn jetzt meine Freundin wieder?«, fragte sie beim Hinausgehen.

»Ich kenne den Weg!«, beeilte sich Lea zu sagen. »Darf ich sie zurückbringen, Mama?«

Leas Mutter überlegte. Es gefiel ihr nicht, dass Lea ganz allein durch den Zoo lief. Es gab dort zu viele gefährliche Tiere.

»Ich würde bei ihr bleiben und Ihre Tochter nachher wieder nach Hause bringen«, schlug Rita vor, als sie ihr nachdenkliches Gesicht sah.

»Das ist doch eine gute Idee«, sagte Lea. »Geht das, Mama?«

Dann könnte sie in aller Ruhe mit Rita und Jutta den ganzen Zoo besichtigen. Mit Jan zusammen war es zwar auch sehr schön gewesen, aber der hatte bestimmt noch eine Menge zu tun.

»Macht es Ihnen denn nicht zu viele Umstände, wenn Sie Lea mitnehmen?«, fragte Leas Mutter.

»Ach was«, sagte Rita, »wir nehmen sie gern mit.«

Und so kam es, dass Lea zum zweiten Mal den Zoo betrat. Allmählich begann sie, sich die Wege entlang der Käfige, Gehege und Teiche einzuprägen.

»Rita! Wie siehst du denn aus!«, rief Jutta, die auf einer Bank gewartet hatte. »Ich hätte dich beinahe nicht erkannt.«

»Ich konnte mir ein paar Kleider von Leas Mutter ausleihen«, sagte Rita. Sie betrachtete die Schuhe, die Julian gehörten, die Socken von Anna und die etwas zu enge Jacke von Leas Mutter.

»Wie du ins Wasser gefallen bist!«, prustete Jutta los. Sie bekam einen Lachanfall. »Und dein Gesichtsausdruck, als du wieder aufgetaucht bist!« Sie brüllte vor Lachen.

»Ich hätte dich mal sehen wollen, wenn du da reingefallen wärst«, sagte Rita. Doch sie ließ sich von dem Lachen anstecken.

Als Lea sah, welch einen Spaß die beiden hatten, konnte auch sie sich das Lachen nicht länger verkneifen.

»Und wie du immer weiter geschwommen bist in dem flachen Wasser! Du hättest einfach ans Ufer waten können!«

»Das konnte ich doch nicht wissen!« Rita grinste. »Wartet nur ab«, sagte Rita und wandte sich an Lea. »Wer weiß, vielleicht fällt sie nachher selber ins Wasser, wenn sie die Seelöwen füttert.«

»Ich werde schön aufpassen«, sagte Jutta, die sich endlich beruhigte und bei ihrer Freundin einhängte. »Auf geht's, meine Lieben. Jetzt machen wir uns noch einen richtig schönen Nachmittag!«

Und es wurde wirklich ein schöner Nachmittag. Sie liefen an den Robben vorbei, die während der Fütterung von den Felsen ins Wasser tauchten. Eine ganze Weile sahen sie den Affen zu, die lauter Unsinn aushecketen. Sie marschierten an den Käfigen der Bären, Füchse, Hirsche und Gazellen vorbei und verbrachten einige Zeit vor einem Gehege mit Felsen und einem kleinen See, in dem die Löwen wohnten. Im Reptilienhaus sahen sie eine acht Meter lange Schlange. An einer anderen Stelle lagen die Riesenschildkröten und Krokodile in einem Tümpel und schliefen. Sie kamen am Streichelzoo vorbei und bewunderten ein paar Meter weiter die vielen Vögel in den herrlichsten Farben, die in ihren Käfigen umherflatterten. Ein paar Papageie flogen frei herum oder hüpften am Boden entlang und aßen einem aus der Hand. Als die beiden Damen im Restaurant eine Pause einlegten, bekam Lea sogar ein Stück Kuchen und eine Limonade spendiert.

Uff, sie erlebte wirklich einen wunderschönen Tag!

Als Lea abends in ihrem Bett lag, dachte sie an alle Tiere, die sie an diesem ersten Tag im Zoo gesehen hatte. Sie würde mit allen Freundschaft schließen, das stand schon mal fest. Sie würde Jan und ihren Vater bitten, ihr alles über die Tiere zu erzählen. Nie, nie mehr würde sie woanders wohnen wollen. Ihr neues Zuhause neben dem Zoo war ... war ... einfach der schönste Ort auf der ganzen Welt!

Endlich schlief Lea ein. Sie träumte von einem Kamel, das ins Wasser fiel und langsam durch das trübe Wasser ans Ufer schwamm, obwohl es in dem flachen Wasser ruhig hätte laufen können. Das Nilpferd mit seinem Jungen tauchte kurz aus dem Wasser auf und fing prustend an, das dumme Kamel auszulachen. Da rannten die Elefanten mit ihren langen Rüsseln herbei und bliesen den Traum fort.

Lina bei den Löwen

Lea ging fast jeden Tag in den Zoo. Oft kam Jan sie abholen. Manchmal gingen Julian oder Anna auch mit. Und einmal durfte sie sogar ihren Vater begleiten, als er den kranken Tieren seinen täglichen Besuch abstattete.

Nach ein paar Wochen kannte sich Lea im Zoo aus wie in ihrer Westentasche. Sie wusste genau, wann die Löwen gefüttert wurden und wann Jan den Elefanten die Nägel schneiden musste. Es gab immer etwas zu sehen und immer etwas zu tun. Mit so vielen Tieren um einen herum konnte es einem einfach nie langweilig werden.

»Kommst du mit, Lea?«, fragte ihr Vater sie eines Tages, als Anna und Julian in der Schule waren. »Ich werde Sita einen kurzen Besuch abstatten.«

Lea nickte erfreut. Sita war der größte Löwe im Zoo, ein riesengroßes Tier mit einer mächtigen Mähne. In den vergangenen Tagen hatte Sita viel gebrüllt. Unruhig vor sich hin knurrend war er in seinem Käfig auf und ab gelaufen, als würde ihn irgendetwas stören.

»Wir haben herausgefunden, warum Sita so unruhig

war«, erzählte Leas Vater. »Er hatte Zahnschmerzen! Heute Morgen haben wir ihm den kranken Backenzahn gezogen.«

Lea sah ihren Vater erstaunt an. Einen Backenzahn ziehen, bei einem so großen Löwen?

»Das hast du dich getraut?«, fragte sie voller Bewunderung.

»Wir waren sehr vorsichtig«, sagte ihr Vater lachend.

»Aber du musstest doch deine Hände in das Riesenmaul hineinstecken?« Lea konnte sich nicht vorstellen, dass ihr Vater so mutig war. Man stelle sich nur mal vor, dass Sita auf einmal zugebissen hätte! Das wäre furchtbar gewesen …

Ihr Vater nickte ihr zu. »Es bestand keine Gefahr, Lea. Wir haben Sita in einen Gitterkäfig gelockt. Als er sich dann darin befand, haben wir ihn mit einer beweglichen, besonders stabilen Gitterwand in eine Ecke gedrängt, so dass er sich nicht mehr bewegen konnte.«

»Hat er sich nicht gewehrt?«, fragte Lea.

»Na ja, er war schon sehr unruhig, ja. Ab und zu hat er gebrüllt und mit seinen Tatzen um sich geschlagen. Nicht einmal Jan traute sich in seine Nähe.«

»Aber wie hast du ihm denn den Zahn gezogen?« Lea war der Meinung, ihr Vater sei der mutigste Vater auf der ganzen Welt.

»Wir haben Sita zuerst eine Spritze gegeben, um ihn ruhig zu stellen. Dann noch eine, um ihn richtig zu betäuben, damit er schläft und uns nichts mehr antun kann.«

»Aber um ihm die Spritze zu geben, musstest du doch ganz nah an ihn herankommen, oder?«

Leas Vater lachte. »Ich habe ihm eine Spritze gegeben, ohne ihm nahekommen zu müssen. Rate mal, wie das geht?!«

»Das verstehe ich nicht«, murmelte Lea.

Wenn man einem Löwen eine Spritze geben will, musste man ihn doch anfassen, oder? Und wenn man ihn anfasste, war man doch ganz dicht bei ihm, oder? Und wenn man ihm so nahe kam, konnte er einen doch problemlos beißen oder mit seiner flinken Tatze schlagen.

»Ich versteh das absolut nicht«, sagte sie kopfschüttelnd.

»Wir haben seinen Schwanz mit einem Haken durch die Gitterstäbe herausgezogen«, erklärte Leas Vater. »Während Jan ihn am äußersten Ende festhielt, habe ich ihm die Spritze verpasst.«

Das war schlau. Sita hatte nämlich einen sehr langen Schwanz.

»Hat er gebrullt, als du ihm die Spritze gegeben hast?«

»Das hat er kaum gespürt«, sagte Leas Vater. »Als er dann schlief, konnten wir den schmerzenden Backenzahn problemlos herausziehen.«

»Und hat er jetzt noch Schmerzen?«

»Ich glaube nicht. Vermutlich wird er nur noch ein bisschen schläfrig sein von der Spritze.«

Hand in Hand liefen Lea und ihr Vater in den Zoo und machten sich auf den Weg zum Löwengehege. Sie überquerten die Brücke, die über den großen Teich führte, liefen am Murmeltierhaus entlang und kamen an Rollo, dem Waschbären vorbei.

Ein paar gemeine Jungs hatten Rollo vor einer Woche mit einem Nagel gefüttert und das arme Tier hatte gebrüllt vor Schmerzen. Jetzt lief Rollo wieder fröhlich und zufrieden in seinem Käfig umher. Er schnüffelte kurz an der Hand, die Leas Vater ihm hinhielt, und legte das Köpfchen leicht schräg, als ob er sagen wollte: »Diese Hand kenne ich, die hat mich wieder gesund gemacht.« Oder erkannte er den weißen Arztkittel?

Als sie ihren Weg fortsetzten, fragte Lea: »Kämpfen Löwen oft?«

»Nein«, sagte ihr Vater, »sie leben meistens friedlich zusammen in einer Großfamilie.«

»Aber man hört sie oft brüllen. Sind sie dann wütend?«

»Aber nein, sie brüllen einfach so, genauso wie Vögel zwitschern. Ab und zu möchten sie ihre Stimme hören lassen.«

Aus der Ferne ertönten die Schreie einer Frau.

»So wie diese Frau, die da gerade schreit«, lachte Lea. Die wollte wohl auch ihre Stimme hören lassen.

Leas Vater war stehen geblieben. Er lachte nicht.

»Hilfe! Hilfe!«, ertönte es angstvoll aus der Ferne.

»Da ist etwas passiert!« Leas Vater rannte los. Lea rannte hinter ihm her.

»Hilfe! Hilfe!«

Sie bogen um eine Ecke. Da sah Lea, dass eine Frau verzweifelt vor dem Löwengehege auf und ab lief. Aus allen Richtungen kamen weitere Zoobesucher angerannt.

Was war da los? Lea konnte nichts Außergewöhnliches entdecken.

»Was ist denn passiert?«, rief Leas Vater erschrocken.

»Oh, Herr Doktor, etwas ganz Furchtbares! Meine kleine Lina ... Bitte, helfen Sie mir!« Dann schlug sie die Hände vors Gesicht. Sie war völlig durcheinander.

»Was ist mit Lina?«, fragte Leas Vater.

»Sie ... sie ist bei den Löwen!«, rief die Frau. »Ich kann gar nicht hinsehen!«

Jetzt sahen auch Lea und ihr Vater, was los war. Es war furchtbar! Im Gehege, zwischen den Felsen, inmitten der

Löwen, stand ein kleines, etwa zwei Jahre altes blondes Mädchen! Sita lag direkt vor ihr im Sand. Etwas weiter entfernt standen zwei weitere Löwen. Oben auf einem Felsen stand ein junger Löwe und starrte verwundert auf das Mädchen herab.

Lea hielt den Atem an. Ufff-Uffff! Das kleine Mädchen bückte sich und begann Sita seelenruhig den Kopf zu streicheln. Sita kniff die Augen zusammen und brummte zufrieden. Zum Glück bewegte sich der Löwe nicht.

Lea schaute ihren Vater an. Sein ernster Gesichtsausdruck verriet ihr, dass die Situation sehr gefährlich war. Die Mutter des Mädchens schrie erneut auf. Von überall her eilten noch mehr Leute herbei, darunter auch Jan und ein paar andere Tierpfleger.

»Lina! Lina!«, schluchzte die Frau. »So retten Sie sie doch!«

»Sie müssen sich ruhig verhalten«, sagte Leas Vater schnell. »Wenn wir zu viel Aufregung verbreiten, werden die Löwen nervös und gefährlich.« Er sah sich um. »Herr Nilmann!«, rief er Jan zu. »Sorgen Sie dafür, dass all diese Leute von hier verschwinden. Sie sollen auf Abstand bleiben. Und riegeln Sie die Wege ab.«

»Wird gemacht, Doktor!«, sagte Jan. Er begann, die Leute zurückzudrängen. »Bitte treten Sie zurück, Sie machen die Löwen nervös.« Zum Glück gehorchten die meisten von ihnen gingen weiter.

»Herr Barth und Herr Bont«, rief Leas Vater zwei anderen Tierpflegern zu. »Holen Sie die Revolver. Stellen Sie sich dort am Zaun auf und schießen Sie, sobald das Mädchen angegriffen wird!«

Leas Herz klopfte ihr bis zum Hals. Das Ganze war unheimlich spannend.

Die kleine Lina bemerkte noch immer nicht, wie gefährlich es war, was sie da gerade tat. Wie war sie nur in das Gehege der Löwen gelangt? Sie hockte noch immer neben Sita und strich dem großen Löwen über den Rücken, als würde sie eine Katze streicheln.

»Ach, Herr Doktor, können Sie sie retten?« Die arme Frau weinte vor Angst.

»Ich denke schon«, sagte Leas Vater ruhig. »Zum Glück sind die Löwen gerade erst gefüttert worden. Wenn wir alle die Ruhe bewahren, wird schon alles gut gehen.«

Er nahm den Arm der Frau. »Es ist besser, wenn Lina Sie nicht sieht. Stellen Sie sich bitte dort drüben hin.«

Jan eilte herbei. Er hatte alle Leute weggeschickt. Es war jetzt ganz still am Löwengehege. Nur der junge Löwe auf dem Felsen brüllte kurz. Doch zum Glück unternahm er ansonsten nichts weiter.

»Nur gut, dass Lina gar nicht merkt, wie nervös wir sind«, sagte Jan. »Wenn sie Angst bekäme und voller Panik durch das Gehege laufen würde, könnten wir einpacken.«

Leas Vater nickte, doch er sah noch immer sehr ernst aus.

»Sita ist wahrscheinlich noch ein bisschen müde von der Spritze«, sagte er. »Kommen Sie mit, wir gehen über die Nachtquartiere zum Gehege. Von dort aus werden wir versuchen, Lina sicher nach draußen zu befördern.«

Lea hatte sich ganz ruhig verhalten. Sie befürchtete, dass ihr Vater sie sonst wegschicken würde, und sie wollte doch so gerne bleiben und sehen, ob alles gut enden würde. Es war gruselig und gleichzeitig furchtbar spannend! Inzwischen standen vier Zoowärter an den Gitterstäben des Löwengeheges bereit. Lina saß noch immer neben Sita, und Lea sah, dass sich ihr Mund bewegte. Wahrscheinlich flüsterte sie dem großen Löwen Koseworte zu. Sie war noch zu klein, um zu verstehen, in was für einer gefährlichen Situation sie sich befand.

Leas Vater und Jan liefen zu den Nachtquartieren der Löwen. Wie mutig von ihnen, dass sie Lina retten wollten. Ob alles gut gehen würde? Linas Mutter stand an der

Ecke. Sie traute sich gar nicht hinzusehen, nur ab und zu wagte sie einen kurzen Blick. Uff! Sie sah so verängstigt aus. Sie presste ihre Hände vor den Mund. Lea ging zu ihr. »Ach Mädchen«, sagte die Frau schluchzend. »Ich weiß einfach nicht, was ich tun soll. Meine kleine Lina zwischen diesen furchtbaren Löwen.«

»Mein Vater wird sie bestimmt retten können«, sagte Lea tröstend.

»Aber wenn die Löwen nervös werden, wenn sich dein Vater ihnen nähert? Und wenn sie dann Gefahr wittern …« Die Frau traute sich nicht, ihren Satz zu beenden.

Lea bekam es von Neuem mit der Angst zu tun.

»Mein Vater kann sehr gut mit Tieren umgehen«, sagte sie schnell. »Auch mit Löwen! Wirklich! Er kann sogar ihre Geräusche nachmachen. Dann sagt er zum Beispiel ›Äh-hem‹ oder ›Uh-hum‹. Und wenn die Löwen das hören, denken sie, dass er einer von ihnen ist, und dann tun sie ihm nichts.«

Leas Vater und Jan standen jetzt in den Nachtquartieren. Sie rieben sich mit etwas ein.

»Was machen sie denn da?«, fragte Linas Mutter.

»Sie reiben sich mit einem Löwenduft ein«, erklärte Lea. »Dann merken die Löwen nicht, dass sie Menschen sind.«

Der junge Löwe brüllte erneut, und Linas Mutter ergriff Leas Arm.

»Ach Kind, ach Kind!«, jammerte sie voller Angst.

Lea sagte nichts. Sie spürte, wie ihr Herz pochte. Sie zitterte jetzt am ganzen Körper, denn ihr Vater hatte die

Verbindungstür zwischen Nachtquartier und Gehege geöffnet. Ganz langsam betrat er mit Jan zusammen das Löwengehege. Einen Moment lang traute sich Lea nicht mehr hinzusehen.

»Äh-hem, uh-hum«, grummelte Leas Vater, so wie die Löwen.

Lina schaute kurz auf.

Leas Vater lächelte sie an. Er wollte vermeiden, dass sie Angst bekam. Denn wenn sie plötzlich aufstehen und zu weinen beginnen würde, könnten sich die Löwen erschrecken und angreifen.

»Streichle Sita nur weiter«, sagte Leas Vater leise. »So ist es gut, das machst du prima!«

Lea hielt den Atem an. Ihr Vater war jetzt ganz nah herangekommen. Er stand schon fast zwischen den anderen beiden Löwen. Wenn die sich bloß ruhig verhielten ...

»Jetzt musst du ganz, ganz langsam aufstehen, Lina«, sagte Leas Vater leise.

Lina erhob sich.

»Und jetzt kommst du ganz, ganz langsam zu mir, das gefällt den Löwen nämlich ... Ja, so ist es gut ... Ganz langsam laufen und nichts sagen ... Ja, komm nur her ...«

Gott sei Dank! Sita blieb ruhig liegen. Die beiden anderen Löwen schauten nur kurz auf und knurrten leise.

»Gut gemacht, Lina ... Geh nur weiter«, sagte Leas Vater.

Jan winkte Lina zu sich her, ergriff ihre Hand und bewegte sich ganz langsam und vorsichtig auf die Tür zu den Nachtquartieren zu.

»Uff-Uff!«, flüsterte Lea. Denn jetzt begann die Löwin Nega zu knurren. Sie bewegte sich fast schleichend auf Leas Vater zu.

»Achtung, Doktor, Nega!«, warnte Jan ihn, während er das Mädchen durch die Türe in die Nachtquartiere hinein zog. Das Mädchen befand sich in Sicherheit. Aber was war mit Leas Vater?

»Äh-hem, uh-hum«, brummte Leas Vater, um Nega zu beruhigen.

»Komm schon, Papa, beeil dich!«, flüsterte Lea.

Schritt um Schritt wich Leas Vater zurück. Nega war schon dicht bei ihm, als er durch die Türe zu den Nachtquartieren hindurchschlüpfte. Jan schloss schnell die Tür hinter ihm zu.

Alle Leute, die aus der Entfernung zugeschaut hatten, begannen zu jubeln. Linas Mutter nahm Lea in die Arme und weinte und lachte gleichzeitig.

»Du hast so einen tapferen Vater«, sagte sie. »Ich könnte ihm vor Glück um den Hals fallen!«

»Uff!«, sagte Lea mit einem Seufzer. Erleichtert holte sie tief Luft.

Die Mutter hättet ihr sehen sollen, als Papa mit Lina und Jan hinaustrat! Zuerst hob sie Lina hoch und umarmte sie. Das kleine Mädchen verstand gar nicht, warum sie auf einmal so gedrückt und geküsst wurde. Für sie war es ganz normal gewesen, Sita zu streicheln. Als ihre Mutter sie endlich wieder absetzte, winkte sie den Löwen zu, als seien sie ihre besten Freunde.

Und danach wurde tatsächlich Leas Vater umarmt!

»Ach, Herr Doktor, Herr Doktor, ich weiß gar nicht, was ich sagen soll!«, rief Linas Mutter. Sie war sehr froh und sehr dankbar!

»Am besten sagen Sie gar nichts«, lachte Leas Vater. »Wir sollten einfach nur froh sein, dass alles so glimpflich abgelaufen ist.«

»Und das lag daran, dass ihre kleine Tochter keine Angst hatte und der Doktor die Ruhe bewahrt hat«, sagte Jan zufrieden.

»Dein Vater ist ein Held«, sagte Linas Mutter zu Lea.

Lea nickte. Sie war derselben Meinung.

Wie die kleine Lina zu den Löwen gelangt war, verstand immer noch niemand. Vielleicht hatte der Tierpfleger, der meistens die Nachtquartiere saubermachte, die Tür für einen kurzen Moment offen gelassen, als er frisches Wasser holte. Und vielleicht war das kleine Mädchen genau in diesem Moment durchgeschlüpft und hatte sich durch die Gitterstäbe gezwängt, um Sita streicheln zu können. Der Tierpfleger hätte die Tür natürlich zumachen sollen, aber jeder vergisst schließlich mal etwas.

Die Frau ging mit Lina zusammen zum Restaurant, um auf den Schreck eine Tasse Kaffee zu trinken. Leas Vater und Jan blieben noch kurz stehen und beobachteten Sita, wie er im weichen Sand ein Schläfchen hielt. Man sah ihm an, dass er jetzt keine Zahnschmerzen mehr hatte.

Am Abend, kurz vor dem Abendessen, klingelte es bei Lea zu Hause, und eine große Torte wurde abgegeben. Die kam von Linas Mutter, die sich noch ein Mal bei Leas Vater bedanken wollte. Im Zoo wurde auch eine Torte angeliefert. Die war für Jan und die anderen Tierpfleger bestimmt, weil sie mitgeholfen hatten, Lina zu retten.

Die Affen sind los

Lea sollte ihr Zimmer aufräumen.
»Wie schaffst du es nur, in so wenigen Tagen so ein Durcheinander anzurichten?«, fragte Leas Mutter.
»Kann ich das nicht heute Abend aufräumen?«, fragte Lea. »Jan will am Nachmittag die Affenkäfige saubermachen, und ich darf ihm dabei helfen.«
»Zuerst wird dein Zimmer aufgeräumt!« Leas Mutter ließ nicht locker.
Schimpfend ging Lea die Treppe hoch. Sie hatte sich so auf den Besuch im Affenhaus gefreut. Dort gab es immer etwas zu lachen. Vor allem die beiden jungen Schimpansen kamen auf die verrücktesten Ideen. Manchmal kletterten sie auf Jans Schultern, sehr zur Freude der Zoobesucher. Schlecht gelaunt ging Lea in ihr Zimmer. Da herrschte tatsächlich ein ziemliches Chaos. Sollte sie vielleicht einfach all ihre Spielsachen in den Schrank stopfen? Dann könnte sie Jan vielleicht doch noch begleiten!
Lea machte sich sofort an die Arbeit. Sie sammelte ihre Puppen ein, die überall herumlagen, und schob sie auf

einen Haufen zusammen ganz unten in den Schrank. Wozu brauchte sie überhaupt noch Puppen, wenn sie im Zoo über tausend Tiere zum Spielen hatte? Die Kleider auf ihrem Stuhl knüllte sie zu einem Bündel zusammen, und ab damit in den Schrank. Ihren Schlafanzug schob sie einfach unter das Kopfkissen. Das Handtuch auf dem Boden hängte sie auf den Ständer und rückte den kleinen Teppich vor dem Waschbecken wieder gerade. So, jetzt

sah es doch schon ziemlich ordentlich aus. Ihre Schuhe lagen noch in einer Ecke. *Wumm!* Auch die landeten im Schrank. Unter ihrem Bett lag noch ein Bilderbuch. *Zack!* Auch das kam in den Schrank.

So, das wäre geschafft. Zufrieden blickte sich Lea um. Ihr Zimmer sah wieder aufgeräumt aus, zumindest wenn man nicht in den Schrank guckte. Schnell schloss sie die Schranktür.

Sie fand noch zwei Socken auf der Fensterbank. Lea rannte zum Fenster, für die war auch noch Platz im Schrank, und dann könnte sie …

Plötzlich blieb Lea wie angewurzelt stehen. Sie schaute durchs Fenster. Was war denn da los? Da standen sicher an die hundert Leute bei dem dicken, alten Baum hinter dem großen Teich. Alle schauten nach oben, als gäbe es im Baumwipfel etwas Besonderes zu sehen. Wer oder was saß wohl in diesem Baum?

Jan kam mit einer langen Leiter angerannt, und Herr Barth, der junge Zoowärter, lief ihm entgegen und half ihm, die Leiter zu tragen. Es kamen immer mehr Zuschauer. Alle zeigten nach oben und lachten.

Lea schnappte sich eilig die Socken vom Fensterbrett, warf sie in den Schrank und knallte die Tür zu. Dann rannte sie hinunter, um ihre Mutter zu fragen, ob sie in den Zoo gehen dürfte. Bei dem großen Baum mit den vielen Schaulustigen, die sich dort versammelt hatten, war bestimmt etwas Außergewöhnliches im Gange.

Zum Glück hatte ihre Mutter nichts dagegen.

Weil sie so klein war, konnte sich Lea mühelos durch all die Leute hindurchzwängen. Als sie Jan entdeckte, der gerade die Leiter an den Baumstamm gelehnt hatte, rannte sie zu ihm.

»Hallo Jan, was ist denn passiert?«

»Ach Lea«, sagte Jan traurig, »jetzt arbeite ich schon seit zwanzig Jahren hier, aber so etwas ist mir noch nie passiert.« Er schüttelte den Kopf und schaute zu, wie Herr Barth die Leiter hinaufkletterte.

»Was ist denn passiert?«, wiederholte Lea. Sie starrte hinauf, aber wegen der dichten Blätter konnte sie nichts erkennen.

»Vor einer Stunde war ich bei den Schimpansen«, erzählte Jan. »Ich musste ihren Käfig saubermachen, das habe ich schon hundert Mal gemacht. Als ich hinausging, um Eimer und Besen zu holen, die draußen vor dem Käfig standen, habe ich kurz die Tür angelehnt. Ich sah zwar, wie die zwei Schimpansen auf mich zukamen, aber ich dachte mir: Die wollen bestimmt nur auf meine Schulter klettern, so wie immer. Aber nein! Plötzlich sausen sie an mir vorbei nach draußen!«

»Ach herrje!«, sagte Lea. »Und dann?«

»Dann sind sie zu zweit den Flur entlang geflitzt«, sagte Jan. »Zwei ältere Damen, die gerade vorbeispazierten, erschraken fast zu Tode. Laut kreischend sprangen sie in einen Blumenkübel!« Jan musste kurz lachen. Er sah die Szene wieder vor sich, wie die beiden schreienden Damen vor Schreck zur Seite sprangen.

»Und dann?«, fragte Lea wieder.

»Dann sind die beiden frechen Affen in den Zoo hineingerannt. Einer der beiden ist noch einem Mann auf die Schulter gehüpft. Wahrscheinlich hat er ihn für einen Wärter gehalten. Der Mann hörte gar nicht mehr auf zu schreien! Er hat einen fürchterlichen Schreck bekommen, das kannst du dir bestimmt vorstellen.«

»Ach herrje!« Lea musste trotz allem lachen. Jan sah so bekümmert aus. Sie wünschte sich, sie wäre dabei gewesen.

»Na ja, und dann sind die beiden Affen vor meiner Nase über einen Zaun gehüpft und durch das Pinguingehege gerannt. Die Pinguine wussten auch nicht, wie ihnen geschah. Ich habe diese Tiere noch nie so schnell rennen sehen. Vor Schreck sind sie alle ins Wasser geflüchtet!«

»Und die Schimpansen?«, fragte Lea.

»Die waren gar nicht mehr aufzuhalten«, sagte Jan kopfschüttelnd. Er kaute wütend auf dem Stiel seiner Pfeife herum, die langst ausgegangen war. »Die Viecher sind aber auch unheimlich flink! Schwupps, schon waren sie über einen weiteren Zaun gehüpft. Sie kletterten in Windeseile durch das Rotwildgehege, Herr Barth und ich immer hinterher. Überall begannen die Leute zu schreien. Mütter zogen hastig ihre Kinder aus dem Weg. Ein paar Jugendliche verfolgten die beiden eine Weile. Und als wir sie endlich fast eingeholt hatten, sind sie diesen Baum raufgeklettert. Jetzt versucht Herr Barth sie einzufangen.«

Lea sah nach oben und schaute zu, wie Herr Barth in dem dichten Blätterwerk verschwand. Plötzlich entdeckte sie die beiden Affen: Sie saßen am äußersten Ende eines dünnen Astes, ziemlich weit oben.

»Da oben sind sie … nein, weiter rechts!«, rief Jan seinem Kollegen zu.

»Ich sehe sie ja!«, rief Herr Barth aus dem Baum. »Aber ich kann sie nicht einfangen. Jedes Mal, wenn ich sie fast erreicht habe, hüpfen sie einen Ast höher!«

»Probier doch mal, sie auf deine Schulter zu locken«, riet ihm Jan.

»Mache ich ja, aber die lachen mich einfach aus!«, rief Herr Barth.

Es wurde immer voller um den Baum. Die Leute zeigten lachend hinauf. Jan wurde ganz nervös davon.

»Leute! Bitte!«, sagte er streng. »Gehen Sie doch ein Stück zurück! Sie tragen nur dazu bei, dass die Affen noch aufgeregter werden. So erwischen wir die beiden nie.«

Von oben aus dem Baum rief ihm Herr Barth zu, er bekäme die Schimpansen nicht zu fassen.

»Komm wieder runter!«, rief Jan schließlich. Er musste sich etwas anderes einfallen lassen, so würde er die Schimpansen niemals einfangen können.

»Und was macht ihr jetzt?«, fragte Lea neugierig.

Jan kratzte sich hinterm Ohr. »Tja«, sagte er bedrückt, »wenn ich das nur wüsste. Die Tiere sind so unheimlich schnell. Gerade, wenn man glaubt, man hätte sie eingeholt, sausen sie davon und klettern an einer Regenrinne hinauf oder über einen Zaun oder in einen Baum oder auf ein Dach ...«

Oben im Baum hatten die beiden Affen einen Heidenspaß. Sie hüpften ausgelassen von einem Ast zum nächsten. Ab und zu schaukelten sie an einem Arm oben in der Baumkrone hin und her und schauten mit einem breiten Grinsen hinunter.

»Die lachen uns einfach aus!«, murmelte Herr Barth.

»Könnt ihr sie nicht mit irgendetwas Leckerem herunter-
locken?«, überlegte Lea.

Jan schüttelte den Kopf. »Sie wurden gerade erst gefüttert. Um sie anlocken zu können, müssten sie Hunger
haben.«

»Soll ich die anderen Tierpfleger holen?«, fragte Herr
Barth. »Vielleicht können wir sie gemeinsam in einen
Käfig jagen.«

»Nein«, sagte Jan. »Sie sind zu schlau, die kriegen wir nie
und nimmer in einen Käfig.«

»Ist es denn so schlimm, wenn sie eine Zeit lang auf freiem Fuß sind?«, fragte Lea.

»Eigentlich nicht, wenn ich mir sicher sein könnte, dass
sie im Zoo bleiben«, murmelte Jan. »Aber bei denen weiß
man nie, ob sie nicht vielleicht über den Zaun klettern
und auf die Straße rennen.«

Lea lachte. Sie sah die beiden Schimpansen vor sich, wie
sie durch die Straßen und an all den Läden vorbeiliefen.
Uff! Das wäre was: Zwei Schimpansen in der Fußgänger-
zone, mitten unter all den bummelnden Leuten!

Aber Jan lachte nicht. »Stell dir nur mal vor, sie klettern in der Oberleitung der Straßenbahn herum. Dann
bekommen sie einen Stromschlag. Oder sie werden von
einem Auto angefahren. Sie sind zwar schlau, aber im
Straßenverkehr kennen sie sich nicht aus.«

Da begriff Lea erst, wie gefährlich es für die Affen war,
wenn sie weiterhin frei herumlaufen würden.

Herr Barth kletterte inzwischen zum zweiten Mal die

66

Leiter hinauf. Er hatte eine geschälte Banane dabei und
versuchte, die Schimpansen damit herunterzulocken.
»Kommt her! Psst! Kommt doch mal her!«, rief er immer
wieder und streckte ihnen die Banane entgegen.

Als einer der beiden Affen die Banane bemerkte, kletterte er ein paar Äste tiefer. Knapp über Herrn Barth ließ er sich an einem Arm herunter hängen und baumelte eine Weile hin und her. Dann streckte er ganz plötzlich den anderen Arm aus und riss Herrn Barth die Banane aus der Hand. Schwuppdiwupp! Schon war er auf und davon und rettete sich auf einen höher gelegenen Ast.

Die Zuschauer lachten, und der arme Herr Barth sah ziemlich verdattert aus.

Sie schafften es nicht, die Affen einzufangen. Herr Bont und alle anderen Tierpfleger wurden herbeigerufen, aber die Schimpansen waren einfach immer wieder schneller. Auch Leas Vater kam dazu, doch ganz gleich, was sie unternahmen, nichts half. Die Affen flüchteten sich nur immer weiter hinauf. Sie hüpften von Ast zu Ast und schwangen sich von Baum zu Baum. Zum Entsetzen der jungen Füchse kletterten sie über das Dachgitter des Fuchsgeheges. Vor Angst winselnd drängten sich die kleinen Füchse in einer Ecke zusammen. Kurz darauf saßen sie in der Regenrinne des Futterhauses. Jeder hatte sich aus einer Kiste einen Apfel stibitzt und jetzt kauten sie genüsslich darauf herum.

Als es dunkel wurde und alle Zoobesucher schon längst nach Hause gegangen waren, hatten die Tierpfleger die beiden Affen noch immer nicht eingefangen. Oben in der Krone eines großen Baumes neben dem Nilpferdehaus machten die beiden Schimpansen ein Nickerchen. Doch zu dieser Zeit waren Jan und die anderen Tierpfleger

bereits nach Hause gegangen und Lea lag schon längst
in ihrem Bett. Sie träumte von zwei verrückten Schimpansen, die den ganzen Zoo auf den Kopf stellten. Nicht
einmal in Leas Traum fand sich jemand, dem es gelang,
die schlauen Affen einzufangen.

Affenstreiche

Als Lea am nächsten Tag in den Zoo ging, liefen die beiden ausgebüxten Affen noch immer frei herum. Was Leas Vater, Jan und die andern Tierpfleger auch unternahmen, es half alles nichts. Auch an den darauf folgenden Tagen gelang es ihnen nicht, sie einzufangen. Und was noch schlimmer war: Die beiden Kerlchen schienen immer frecher zu werden!

Eine Frau, die in der Sonne auf einer Bank saß und ihre mitgebrachten Butterbrote aß, sah die beiden plötzlich vor sich stehen. Noch bevor sie überhaupt schreien konnte, hatte der größere Schimpanse ihr das Tütchen mit den Broten entrissen. Und – *Wusch!* – raste er damit einen Baum hinauf.

Eine ganze Woche später befanden sich die Affen immer noch auf freiem Fuß. Und sie heckten eine Menge Streiche aus!

Eines Tages waren sie auf das Dach des Hauptgebäudes geklettert. In aller Seelenruhe spazierten sie auf der Straßenseite durch die Regenrinne. Die Leute auf der Straße blieben natürlich stehen, um zu gucken. Autos hielten an. Die Straßenbahn konnte nicht mehr weiterfahren. Lastwagenfahrer begannen zu hupen. Es entstand ein schreckliches Verkehrschaos. Die Polizei musste herbeigerufen werden, um für Ordnung zu sorgen.

Ein anderes Mal hatten die beiden alle Mülleimer ausgeleert; im ganzen Zoo lagen Papier, leere Tüten, Obstschalen und sonstiger Abfall herum.

Als Jan die beiden Affen wutentbrannt mit dem Besen verfolgte, kletterten sie einfach auf den Zaun des Zebrageheges und flüchteten von dort aus kreischend vor

Freude – *Schwupps!* – auf einen Baum hinauf. Lea konnte gar nicht aufhören zu lachen, aber Jan fand das alles überhaupt nicht witzig.

Es passierte eigentlich jeden Tag etwas in der Art. Wann immer man im Zoo jemanden schreien hörte, wusste man sofort, was los war. Sogar in der Zeitung erschienen Artikel über die Affen, sodass jeden Tag mehr Leute in den Zoo kamen, um sich die frechen Schimpansen anzusehen. Das führte dazu, dass die beiden Ausreißer richtig verwöhnt wurden, denn alle Zoobesucher warfen ihnen irgendwelche Leckerbissen zu.

»Ich wünschte, mir würde etwas einfallen, wie man diese Viecher einfangen kann«, seufzte Leas Vater eines Tages.
»Es ist doch nicht so schlimm, wenn sie frei herumlaufen, oder?«, fragte Lea. »Fast alle Leute freuen sich darüber.«
»Aber sie werden von Tag zu Tag frecher«, sagte Leas Vater. »Gestern saßen sie bei den Elefanten im Gehege. Zum Glück ist nichts passiert, aber wer weiß, vielleicht klettern sie morgen über den Zaun des Löwengeheges? Und dann passiert vielleicht doch etwas. Stell dir nur mal vor, Sita erwischt sie!«
»Oh nein!« Lea erschrak. Daran hatte sie überhaupt noch nicht gedacht. Wenn die beiden frechen Affen wirklich zu den Tigern oder Löwen ins Gehege klettern würden … Nein, das wollte sie sich lieber nicht vorstellen.
»Fällt dir denn wirklich gar nichts ein?«, fragte Lea nach einer Weile.

»Wir haben schon alles versucht«, sagte Leas Vater mit einem tiefen Seufzer. Er wollte noch etwas sagen, aber in diesem Augenblick klingelte das Telefon.

»Lass nur«, sagte Lea schnell. Sie rannte zum Telefon und nahm den Hörer ab. »Hier ist Lea Himpe, wer ist da?«

Für einen Moment war es ganz still am anderen Ende der Leitung. Dann hörte Lea einen Schrei und dann noch einen!

»Oh! Hilfe! Da sind sie schon wieder!«, hörte Lea eine Frau rufen.

»Hallo? Hallo!«, rief Lea in den Hörer, aber es kam keine Antwort.

»Wer ist denn dran?«, fragte Leas Vater.

»Eine schreiende Frau«, sagte Lea. »Sie ruft um Hilfe.« Sie reichte ihrem Vater den Hörer.

»Hallo, hier ist Doktor Himpe.«

Zuerst antwortete niemand, aber dann hörte er plötzlich die schrille Stimme einer aufgeregten Frau. »Hallo, hallo, Hilfe! Es sind zwei Affen in meiner Wohnung! Hilfe! Ich weiß nicht, was ich tun soll! Sie sind durchs Fenster hereingeklettert, und jetzt höre ich sie in der Küche rumoren.«

»Wo wohnen Sie?«, fragte Leas Vater schnell.

»Herr Doktor! Bitte kommen Sie schnell! Ich habe eine Heidenangst vor Affen. Ich bekomme schon Herzrasen. Und mein Mann ist nicht da. Ich bin ganz allein hier!« Wieder waren ein paar schrille Schreie zu hören.

»Beruhigen Sie sich, die tun Ihnen nichts«, sagte Leas

Vater beschwichtigend. »Sie sind wirklich ungefährlich. Wie ist ihre Adresse?«

Es kam keine Antwort. War die Frau aus ihrer Wohnung geflüchtet? Oder hatte sie sich vor lauter Angst in der Toilette versteckt?

»Diese blöden Affen!«, murmelte Leas Vater. Er wollte gerade den Hörer auflegen, da hörte er erneut die hohe, schrille angsterfüllte Stimme der Frau.

»Jetzt haben sie sich auch noch an der Türklinke zu schaffen gemacht!«, sagte die Frau ganz außer Atem. »Ich fürchte, die Monster werden die Tür aufmachen und in den Flur kommen. Sie spielen mit meinen Kochtöpfen. Sie schlagen den Wasserkessel auf den Gasherd ... Beeilen Sie sich doch bitte, Doktor!«

»Wo wohnen Sie denn?«, fragte Leas Vater jetzt schroff. »Wie soll ich zu Ihnen kommen, wenn Sie mir nicht sagen, wo Sie wohnen?«

»Gleich hinter dem Zoo, Hausnummer 11«, sagte die Frau mit zitternder Stimme.

»Können Sie die Küchenfenster vielleicht von außen schließen?«, schlug Leas Vater vor. »Dann wären die beiden Schimpansen eingesperrt und wir könnten sie problemlos einfangen.«

»Um nichts in der Welt mache ich die Fenster zu«, schrie die Frau entsetzt auf. »Stellen Sie sich doch vor, eines dieser Monster springt mir auf den Rücken!«

»Ich bin in ein paar Minuten bei Ihnen.« Leas Vater legte den Hörer auf.

Lea hatte alles mit angehört. Sie hatte verstanden, dass ihr Vater sofort zu dieser Frau gehen musste.

»Kann ich mitkommen?«, beeilte sie sich zu fragen.

Ihr Vater nickte. »Du kannst mitkommen, aber bitte such zuerst Jan. Erzähl ihm, was passiert ist, und sag ihm, er soll so schnell er kann hierher kommen. Das ist endlich eine gute Gelegenheit, diese beiden Gauner einzufangen.«

Lea rannte in den Zoo. Zum Glück fand sie Jan schnell, er war gerade dabei, das Nilpferdhaus zu säubern. Das kleine Nilpferd stand am Rand und schaute mit seinen kleinen Kulleraugen interessiert zu. Aufgeregt erzählte Lea, was passiert war.

»Diese verflixten Viecher«, rief Jan. Er warf den Besen in die Ecke und machte sich mit Lea auf den Weg. »Jetzt haben wir gute Chancen, sie endlich zu erwischen. Affen sind sehr neugierig, musst du wissen. Wenn sie etwas Neues entdecken, können sie es sich stundenlang anschauen und sich endlos damit beschäftigen. Vielleicht haben sie in dieser Küche etwas gefunden, was sie interessant finden. Dann werden sie sich dort wohl eine Weile aufhalten!« Jan nickte vergnügt. Schon fast eine Woche lang war er auf der Jagd nach den beiden Affen gewesen. Er hatte sie sogar mit einem großen Netz verfolgt. Jetzt sah er endlich eine Möglichkeit, sie einzufangen.

Zusammen mit ihrem Vater und Jan rannte Lea zur Hausnummer 11 in der Straße hinter dem Zoo. Leas Vater hatte bereits einen Plan.

»Du gehst nach hinten und machst die Küchenfenster zu, während ich mit Lea zur Haustür hineingehe«, sagte er zu Jan.

»Abgemacht, Doktor«, sagte Jan. »Ich kann es kaum erwarten, die beiden Plagegeister wieder in ihr Gehege zu sperren!«

Mit wild entschlossener Miene bog er in den Fußweg ab, der zwischen den Häusern hindurch führte. Ob die Affen noch da waren?

Lea fand das alles schrecklich spannend. Ihr Herz pochte wie wild, als sie und ihr Vater zur Haustür gingen. Die Frau begrüßte sie erleichtert.

»Oh, Herr Doktor, kommen Sie herein. Ich hatte die ganze Zeit solche Angst«, sagte sie aufgeregt.

»Wo ist die Küche?«, fragte Leas Vater.

»Am Ende des Flurs, die letzte Tür rechts.«

»Sind die Affen noch da?«, fragte Lea gespannt.

»Ich weiß es nicht«, sagte die Frau. »Ich habe mich nicht getraut, nachzusehen. Doch in der Küche ist es schon eine ganze Weile ruhig.«

»Dann sind sie bestimmt schon wieder weg«, murmelte Lea.

»Vielleicht sitzen sie aber auch in aller Seelenruhe auf dem Fußboden und spielen mit einem Löffel«, sagte Leas Vater.

»Bekomme ich jetzt Flöhe von diesen Viechern?«, fragte die Frau. Doch bevor Leas Vater antworten konnte, hörten sie ein lautes Gepolter aus der Küche.

»Hilfe!«, schrie die Frau auf und packte Leas Vater am Arm.

»Das ist nur einer unserer Tierpfleger, er schließt die Fenster«, sagte Leas Vater. Langsam ging er auf die Küchentür zu.

Jetzt hielt sich die Frau an Lea fest. »Hast du keine Angst, Kind? Sollen wir nicht lieber ins Wohnzimmer gehen?«

Lea schüttelte den Kopf. Sie wollte doch sehen, wie die Sache ausging. Leas Vater legte die Hand auf die Türklinke und drückte sie langsam herunter. Aus der Küche war ein leises Poltern zu vernehmen. Jetzt öffnete Leas Vater die Tür und sprang in die Küche. Es waren Schreie zu hören. Mit lautem Rasseln rollte ein Topf über den Fußboden.

»Uff!«, sagte Lea leise.

»Hilfe! Hilfe!«, schrie die Frau. »Vielleicht greifen sie jetzt auch noch deinen Vater an!« Sie rannte ins Wohnzimmer und warf die Tür hinter sich zu.

»Au!«, ertönte es aus der Küche. Das war die Stimme von Jan.

»Au!«, ertönte es erneut. Das war die Stimme von Leas Vater.

Dann kamen beide nacheinander in den Flur – ohne Affen.

»Was ist passiert?«, fragte Lea.

»Ich bin dem armen Jan fast auf den Rücken gesprungen«, sagte ihr Vater und konnte sich das Lachen nicht verkneifen.

»Und ich bin fast zu Tode erschrocken«, murmelte Jan.
»Ich hatte schon durchs Fenster gesehen, dass die Affen
nicht mehr da waren. Da bin ich in die Küche gegangen.«
»Als ich hereinkam, sah ich eine Hand hinter der Tür. Da
dachte ich natürlich, das wäre einer der Affen, und hab
ihn mir geschnappt«, erklärte Leas Vater.
Jan, der in der Küche stand und Leas Vater den Rücken
zugedreht hatte, dachte ebenfalls: die Affen! Also hatte
er sich umgedreht und war losgesprungen. Und so landete er schließlich mit Leas Vater auf dem Fußboden.
»Aber wo sind die beiden denn jetzt?«, fragte Lea.
»Wenn ich das nur wüsste«, seufzte Jan.
Leas Vater, Jan und Lea verabschiedeten sich von der
völlig erschöpften Frau. Dann schauten sie in allen be-
nachbarten Häusern und Gärten nach, ob sich die beiden Ausreißer vielleicht dort befanden. Fehlanzeige! Sie
waren nirgends zu sehen. Erst als sie in den Zoo zurück-
kehrten, entdeckten sie die beiden Schlawiner. Und wisst
ihr, wo sie waren? Sie saßen auf dem Dach des Giraffen-
hauses und aßen eine Banane, die ein Zoobesucher ihnen zugeworfen hatte. Genüsslich aßen sie ihr Obst und
sahen wirklich so aus, als ob sie Leas Vater, Jan und Lea
auslachten.
Die schlauen Äuglein der Schimpansen huschten von
einem zum anderen. Die Affen schauten vom Dach hinunter, als würden sie denken: Das Dach des Giraffen-
hauses ist so schön hoch, weil die Giraffen so einen langen Hals haben. Das ist viel zu hoch für euch!

Jan ballte die Faust. »Wenn ich euch erwische!«, rief er
hinauf.
Doch die beiden Schimpansen blieben seelenruhig sitzen
und bissen vergnügt von ihrer Banane ab.

Schlauer Julian

Drei Wochen lang rannten und hüpften die beiden frechen Affen jetzt schon frei im Zoo umher. Keinem war es gelungen, sie einzufangen. Manchmal waren sie den ganzen Tag nicht zu sehen. Dann tauchten sie plötzlich wieder auf und heckten irgendwo Unfug aus. Jan wurde immer verzweifelter.

»Psst, Lea, komm mal mit«, sagte Julian eines Nachmittags, als er von der Schule nach Hause kam. Er machte ein geheimnisvolles Gesicht.

»Was ist denn los?«, fragte Lea neugierig.

»Komm einfach mit«, sagte Julian. Hatte er etwa ein Geheimnis? Lea folgte ihrem großen Bruder in den Zoo. Erst hinter dem großen Teich blieb er stehen. Er schaute sich kurz um, ob ihn jemand belauschte. Dann sagte er: »Ich weiß, wie wir die Affen einfangen können!«

»Wirklich?!« Lea sah ihn erstaunt an.

Julian nickte stolz. »Es ist eine wirklich gute Methode, aber du darfst niemandem etwas verraten. Versprochen?«

»Ja, versprochen. Aber wie willst du das denn anstellen?«, fragte Lea.

»Das wirst du schon sehen«, sagte Julian und lächelte geheimnisvoll. Er zog Lea am Arm mit sich. »Komm mit, zuerst muss ich Jan noch etwas fragen. Dann müssen wir die Affen finden. Und dann ... Na, du wirst schon sehen, was dann passiert.«

Lea sah ihren Bruder neugierig an. Ob er sich wirklich eine Methode ausgedacht hatte, wie man die Affen einfangen konnte? Jan versuchte es schon seit drei Wochen, und es war ihm nicht gelungen. Ihr Vater hatte sich alles Mögliche einfallen lassen. Und auch Herr Barth und alle anderen Tierpfleger hatten die beiden Affen verfolgt, ohne sie je zu erwischen. Ob Julian es tatsächlich schaffen würde?

Lea musterte ihren Bruder noch einmal genau. Man konnte ja nie wissen. Deshalb folgte sie ihm auch auf der Suche nach Jan durch den Zoo.

Sie fanden Jan im Gehege der Steinböcke.

»Weißt du, wo sich die beiden Schimpansen gerade aufhalten?«, fragte Julian.

»Ach, die Schimpansen«, murmelte Jan kopfschüttelnd. »Du verdirbst mir meine gute Laune! Nein, ich habe sie den ganzen Tag noch nicht gesehen. Vielleicht sitzen sie in einer der Buchen am Teich oder in der großen Linde am Restaurant. In dem dichten Blattwerk sind sie so schlecht zu erkennen.« Jan, der die Käfige der Steinböcke gesäubert hatte, warf seinen Besen wütend in die Schubkarre. »Diese blöden Affen«, murmelte er. »Dass ich die beiden habe entwischen lassen ...«

»Wir werden sie suchen«, sagte Julian.

»Gibst du mir Bescheid, wenn du sie siehst?«, fragte Jan.

»Natürlich«, sagte Lea. Jan tat ihr ein bisschen leid. Es war ja immerhin seine Schuld gewesen, dass die beiden Schimpansen entwischt waren.

»Kann ich mir zwei Bananen aus dem Futterhaus holen?«, fragte Julian. »Ich brauche sie für etwas.«

»Bestimmt für deinen Bauch?« Jan lachte.

Julian schüttelte den Kopf. »Nein, für etwas anderes«, antwortete Julian in geheimnisvollem Ton.

»Also gut, von mir aus«, sagte Jan. Er hob seine Schubkarre an und ging zum Zebragehege. Lea und Julian machten sich auf den Weg zum Futterhaus.

»Wofür brauchst du denn die Bananen?«, fragte Lea.

Julian zog sie in den ruhigen Seitenweg hinein, der am Murmeltierhaus vorbeiführte. Dort schaute er sich wieder um, ob jemand ihn belauschte.

»Ob du es glaubst oder nicht, aber mit diesen Bananen werde ich die Affen einfangen«, flüsterte er.

»Echt?«, sagte Lea. Jan hatte die beiden Affen bestimmt schon zwanzig Mal mit einer Banane angelockt, aber es war ihm nie gelungen, sie einzufangen.

»Ich werfe ihnen die Banane zu«, sagte Julian. Dann steckte er die Hand in seine Hosentasche und holte etwas heraus. »Schau mal.«

Auf seiner Handfläche lagen sechs Tabletten.

»Wo hast du die denn her? Und was hast du damit vor?«, fragte Lea erstaunt.

»Die stecke ich in die Bananen«, sagte Julian. »Und wenn die Affen die Bananen essen, schlucken sie dabei auch die Tabletten.« Er lachte triumphierend.

»Und dann?«, fragte Lea, die das Ganze noch nicht durchschaute.

»Und dann«, sagte Julian leise, »werden die Affen ganz schläfrig. Die Tabletten habe ich aus Mamas Badezimmerschrank. Sie nimmt sie immer, wenn sie nicht einschlafen kann. Aber keine Angst, ich stecke nur eine halbe Tablette

in jede Banane. Wenn die beiden nach einiger Zeit fest eingeschlafen sind, werde ich sie mir schnappen.«

Das war ein schlauer Plan, wirklich. Aber durfte man Affen einfach so mit Schlaftabletten füttern?

Julian schüttelte den Kopf. »Ich habe Papa vor ein paar Tagen gefragt, ob es funktioniert«, sagte er selbstbewusst. »Ich weiß schon, was ich tue.«

Sehr zufrieden mit sich und seinem schlauen Plan steckte Julian die Tabletten wieder in seine Hosentasche. Dann zog er Lea mit zum Futterhaus, um die beiden Bananen zu holen.

An einem ruhigen Ort hinter dem Robbenbecken zog Julian ganz vorsichtig ein kleines Stück von der Schale hinunter. Dann steckte er eine halbe Tablette in jede Banane. »So«, sagte er, »die sind drin!« Er drückte die Schale wieder zusammen, sodass man nichts mehr von den Tabletten sah. »Jetzt müssen wir nur noch die Affen finden.«

Aber das war leichter gesagt als getan. Sie suchten den ganzen Zoo ab: Sie schauten bei den Elefanten, Nashörnern, Giraffen, Löwen und Tigern vorbei. Sie suchten die Wände des Hauses ab, in dem alle Aquarien für die Fische untergebracht waren, und im Vogelhaus. Sie liefen an dem großen Teich entlang und schauten in jedem Gebüsch nach. Aber die beiden Schimpansen waren nirgends zu sehen. Schließlich landeten sie beim Restaurant und gingen auf die Terrasse. Dort saß nur ein einzelner Herr und trank eine Tasse Kaffee.

»Wo könnten die Viecher bloß sein?«, fragte Julian.

Lea zuckte mit den Schultern. Langsam wurde sie etwas müde von der Sucherei. In der Restauranttür stand der Kellner und wartete auf Besucher. Vielleicht hatte er die beiden Affen ja gesehen.

Lea wollte gerade auf ihn zugehen, um ihn zu fragen, als sie plötzlich ein Prasseln und Scheppern hörte. Aus heiterem Himmel prasselten lauter kleine Steinchen auf die Tische der Terrasse nieder. *Pling-pling-*

ploing ... klick-klick-klack! Sie landeten auf den Tischen und rollten von dort auf den Boden.

Erstaunt sahen sich Julian und Lea um. Warf hier jemand mit Steinchen?

»He, ihr da!«, rief der Mann, der allein auf der Terrasse saß. Wütend sah er Lea und Julian an. »Bewerft ihr mich etwa mit Steinen?«

»Nein«, sagte Julian.

»Das ist merkwürdig«, murmelte der Mann. Er sah sich um. »Irgendjemand wirft Steinchen auf meinen Tisch. Und außer euch beiden ist hier kein Mensch zu sehen.«

»Aber wir waren es wirklich nicht«, antwortete Julian.

Der Kellner sah, dass etwas passiert war, und kam langsam näher.

»Julian, komm mit«, sagte Lea leise und zog an seinem Ärmel. »Lass uns gehen.«

Jetzt wurde der Mann auf der Terrasse richtig wütend. Er begann aufgebracht auf den Kellner einzureden. »Das waren bestimmt diese Kinder ...«

Kaum hatte er das gesagt, ging es wieder los: *Pling-pling-ploing ... klick-klick-klack ...* Erneut prasselte eine Handvoll Steinchen auf die Tische nieder.

»Was um alles in der Welt fällt euch ein!«, rief der Mann zornig. Er war aufgestanden und schaute Lea und Julian streng an.

»Das waren wir nicht«, sagte Julian. »Ganz bestimmt nicht!«

Lea spürte, wie sie rot wurde. Jetzt schaute auch der

Kellner aus dem Restaurant zu ihnen hinüber, denn außer ihnen war weit und breit kein Mensch zu sehen. *Pling-pling-ploing... klick-klick-klack!* Wieder prasselte eine Handvoll Steinchen auf die Terrasse.

»Au!« Der Mann hatte ein Steinchen auf seine Glatze bekommen. Wütend blickte er sich um. »Ich bin nicht hierher gekommen, um mich beschießen zu lassen! Herr Ober, langsam wird es mir zu bunt. Ich werde mich beschweren!«, rief er.

»Julian! Julian!«, rief Lea plötzlich. »Da oben!« Sie zeigte auf das Flachdach des Restaurants.

»Oha!«, rief Julian. Auf dem Dach, das mit Kies bestreut war, saßen die beiden Schimpansen. Immer wieder grabschten sie sich eine Handvoll Kies und schleuderten ihn hinunter. Wahrscheinlich gefiel ihnen das Geräusch der herabprasselnden Steinchen auf den Tischen.

»Kinder, könnt ihr mal schnell einen der Tierpfleger holen?«, rief der Kellner. »Die beiden werfen mir noch eine Fensterscheibe ein!«

»Ich werde mich mal woanders hinsetzen«, murmelte der Gast, »sonst bekomme ich am Ende noch mehr ab.«

»Kinder, los, beeilt euch!«, drängte der Kellner.

Julian ging ein paar Schritte auf ihn zu. »Ich habe eine bessere Idee«, sagte er. »Hier, ich habe für jeden der beiden eine Banane. Wenn sie die haben, sind sie erst einmal beschäftigt.«

»Aber sie sollen von hier verschwinden«, sagte der Kellner. »Die verjagen mir die ganze Kundschaft.«

»Warten Sie erst einmal ab«, sagte Julian sehr von sich überzeugt. Er griff nach einer der Bananen und zielte. Eins, zwei, drei ... *Zack!* Da segelte die erste Banane durch die Luft. Sie landete direkt neben den beiden Schimpansen auf dem Dach. *Zack!* Da flog auch schon die zweite Banane durch die Luft.

Zu ihrer großen Erleichterung beobachtete Lea, wie die Affen, die zunächst noch hin und her gehüpft waren, sich jetzt daran machten, die Bananen zu schälen.

Würden sie die Tabletten hinunterschlucken oder ausspucken? Sie begannen zu essen. Zum Glück spuckten sie die Tabletten nicht wieder aus.

»Ha! Es hat geklappt!«, rief Julian begeistert. »In ein paar Minuten werden sie auf dem Dach einschlafen. Und dann können sie endlich eingefangen werden.«

»Soll ich Jan Bescheid sagen?«, fragte Lea.

»Ja, mach das«, sagte Julian. »Aber verrate ihm noch nichts, es soll eine Überraschung bleiben.«

Lea nickte und rannte los, um Jan zu suchen.

»Wieso soll ich denn mitkommen?«, fragte Jan verwundert, als Lea ihn am Gehege der jungen Füchse ausfindig gemacht hatte.

»Das ist eine Überraschung«, sagte Lea lachend.

»Eine angenehme Überraschung?«, fragte Jan neugierig.

»Oh ja«, sagte Lea. »Es ist eine richtig schöne Überraschung.« Sie nahm Jan an die Hand und zog ihn mit sich zum Restaurant.

»Du wirst mich doch wohl nicht auf eine Limonade einladen wollen? Dafür habe ich nämlich eigentlich keine Zeit.«

Lea schüttelte den Kopf. »Du wirst schon sehen«, sagte sie. Zum Glück ließ Jan sich überreden.

Julian wartete bereits an der Tür zum Restaurant auf sie. Der Kellner lächelte geheimnisvoll. Wahrscheinlich hatte Julian ihn inzwischen in seinen Plan eingeweiht.

»Hallo Jan! Komm nur herein! Wir haben hier etwas für dich«, rief der Kellner fröhlich.

Jan begriff immer noch nichts. Kopfschüttelnd folgte er Julian ins Innere des Lokals. Als Julian die Treppe hinaufging und ihm ein Zeichen machte, dass er ihm folgen solle, sah er noch erstaunter aus.

»Was wird denn das?«, fragte er. »Müssen wir etwa aufs Dach hinauf?«

»Genau«, sagte Julian. »Da oben liegt etwas, das wir herunter holen sollten.«

»Aber da oben gibt's doch nur Kies!«

»Da wäre ich mir nicht so sicher«, sagte Julian grinsend. Lea lachte. »Dass du es immer noch nicht verstehst!«

Erst da dämmerte es Jan allmählich.

»Warte mal«, sagte er. »Du willst mir doch nicht etwa sagen, dass da oben die beiden Affen sitzen?«

»Genau!«, grinste Lea.

»Jetzt komm schon«, sagte Julian und schob langsam die Dachluke auf.

»Vorsicht, Junge, immer langsam!«, rief Jan aufgeregt.

»Wenn wir die Affen erschrecken, nehmen sie gleich wieder Reißaus!«

»Wir werden sie bestimmt nicht erschrecken«, versicherte Julian ihm.

»Aha? Und woher weißt du das?« Auf halbem Weg blieb Jan auf der Treppe stehen und sah Julian erstaunt an.

»Ganz einfach. Weil sie schlafen«, triumphierte Julian.

»Sie schlafen tief und fest«, ergänzte Lea.

Jan kratzte sich hinterm Ohr. »Könnt ihr etwa durch das Dach gucken?«, fragte er und schüttelte ungläubig den Kopf.

»Komm einfach mit nach oben!« Julian öffnete die Dachluke ganz und stieg aufs Dach.

Jan folgte ihm. Dahinter kam Lea, gefolgt von dem Kellner, der natürlich ebenfalls äußerst neugierig geworden war.

Und tatsächlich! Die beiden frechen Schimpansen saßen noch auf dem Dach. Sie hatten ihre Arme umeinander gelegt und lehnten schlafend an einem Schornstein.

»Jetzt sieh sich das einer an!«, flüsterte Jan leise. »Wenn das nicht der richtige Moment ist, sie endlich einzufangen! Lass mich vorgehen, Julian. Wenn sie aufwachen, ergreifen sie sofort die Flucht.«

»Sie werden bestimmt nicht aufwachen«, antwortete Julian.

Und so war es auch. Als Jan einen der Affen hochhob, schlief er ruhig weiter, wie ein Baby, das im Arm seiner Mutter liegt. Julian nahm den anderen in seine Arme.

»Kinder! Wie gut, dass wir sie jetzt endlich erwischt haben«, sagte Jan freudestrahlend. »Mensch, ich kann gar
nicht sagen, wie froh ich bin. Jetzt aber schnell zum Affenhaus. Und dann werde ich euch etwas spendieren.«
Mit breitem Grinsen zogen Jan und Julian – jeder mit
einem Schimpansen auf dem Arm – durch den Zoo zum

Affenhaus. Überall blieben die Leute stehen und wunderten sich. Es gab sogar eine Frau, die die beiden streicheln wollte. Sie sahen im Schlaf auch wirklich lieb und unschuldig aus. Nicht einmal von den Streicheleinheiten ließen sie sich wecken, und sogar als Jan sie wieder in ihren Käfig legte, schliefen sie ruhig weiter.

Ob Affen wohl träumen?, fragte sich Lea. Vielleicht träumten sie ja von all den Streichen, die sie im Zoo vollführt hatten. Einen kurzen Moment lang schien der eine von ihnen im Schlaf zu lächeln. Und wer weiß? Wenn sie später aufwachten, würden sie vielleicht denken, sie hätten all ihre Abenteuer in der Freiheit nur geträumt.

Krokodilstränen

Es herrschte schönstes Wetter. Zusammen mit Jan schaute Lea nach den beiden Schimpansen. Die sprangen wie eh und je in ihrem Käfig herum und ließen sich von den Besuchern mit Erdnüssen, Apfelstücken und Bananen verwöhnen. Zum Glück hatten ihnen die Schlaftabletten, die Julian ihnen verabreicht hatte, nicht geschadet.

Als sie ihren Besuch beendeten, hatte Jan in der Tierklinik zu tun, die gleich hinter dem Hauptgebäude lag.

In den verschiedenen Abteilungen der Tierklinik befanden sich viele Tiere: Enten, Möwen, Hunde, Katzen, Kaninchen, ein junger Hirsch, der seinen Vorderlauf gebrochen hatte, ein krankes Murmeltier und ein kleiner Fuchs mit einer eiternden Schwanzwunde.

»Kommen die alle aus dem Zoo?«, fragte Lea.

»Nein, im Gegenteil. Die meisten wurden von irgendwelchen Leuten hier abgeliefert.«

»Warum?«, fragte Lea.

»Weil sie krank sind oder sich verletzt haben. Wenn sich ein Vogel einen Flügel bricht oder ein Hase auf der Straße angefahren wird, sagen die Leute sofort: Die bringen wir in den Zoo, dort werden sie sicher gut behandelt.«

Lea nickte. Das klang völlig logisch. Und ihr Vater war ein hervorragender Tierarzt, das sagten alle.

»Werden denn jeden Tag Tiere hier abgegeben?«, wollte Lea wissen.

»Manchmal sogar mehrere«, erklärte Jan lachend. »Du musst dir nur mal den Schalter am Hauptgebäude anschauen. Manchmal kommen Leute dort mit den verrücktesten Tieren an. Vor ein paar Tagen erst brachte ein Matrose ein Äffchen vorbei, das er aus Afrika mitgebracht hatte.«

Lea blieb noch eine Zeit lang in der Tierklinik und schaute sich die Tiere an. Sie spielte kurz mit einem kleinen Hasen, der ein bandagiertes Ohr hatte. Sie ließ das Füchschen an ihrer Hand schnuppern und streichelte einen flauschigen jungen Hund, der unter ein Auto geraten war, sich inzwischen aber schon wieder einigermaßen erholt hatte.

Danach lief sie am Streichelzoo vorbei zum Hauptgebäude. Sie wollte sich einmal anschauen, was sich am Schalter so alles abspielte. Stell dir doch nur mal vor, jemand würde einen Elefanten vorbeibringen ...

Gerade wollte sie das Hauptgebäude betreten, als ein Mann mit wehendem Mantel aufgeregt auf sie zukam.

»Hallo Kleine!«, rief er. »Ist hier das Zoo-Büro?«

»Ja«, sagte Lea.

Der Mann tippelte eilig durch die Tür und lief gerade-

wegs auf den Schalter zu. Wollte er vielleicht ein Tier abgeben? Lea folgte ihm neugierig. Der Mann klopfte gegen die Scheibe. Anne, die nette Sekretärin, öffnete die Luke.

»Guten Tag«, sagte sie freundlich. »Was kann ich für Sie tun?«

»Sie müssen mir helfen. Ich weiß nicht mehr, was ich machen soll«, sagte der Mann verzweifelt und rang nervös die Hände. »Meine Frau und ich wissen uns keinen Rat mehr.«

»Ist es so schlimm?«, fragte Anne voller Anteilnahme.

Der Mann nickte. »Stimmt es, dass Sie hier Tiere annehmen?«

»Ja, das stimmt«, sagte Anne.

Lea trat einen Schritt näher heran. Was für ein Tier der Mann wohl bei sich hatte? Und warum war er so nervös? Wenn jemand so aufgeregt war, musste es schon etwas Besonderes sein.

»Was für ein Tier bringen Sie denn?«, fragte Anne.

»Ein ... ein Krokodil«, stammelte der Mann.

»Wie bitte?« Vor lauter Erstaunen rutschte Anne mit ihrem Stuhl ein Stück zurück.

»Sie brauchen keine Angst zu haben«, sagte der Mann rasch. »Es liegt noch hinten in meinem Auto! Im Kofferraum.«

»Wie kommen Sie denn zu diesem Tier?«

»Es war ein Geschenk«, murmelte der Mann. Und dann begann er zu erzählen, was geschehen war. »Bekannte von uns haben aus Afrika ein junges Krokodil mitgebracht. Es war ein lustiges Tierchen, das gerade erst aus dem Ei gekrochen war. Und weil unsere Bekannten umzogen, fragten sie uns, ob wir das Tier haben wollten. Da haben wir Ja gesagt. Es war wirklich ein tolles Tier. Es schlief den größten Teil des Tages hinter dem Ofen, wo wir ihm eine Wanne mit Sand und Wasser hingestellt hatten. Aber, na ja, das Tier wurde immer größer und größer. Und irgendwann passte es nicht mehr in die Wanne.«

»Und dann?«, fragte Anne atemlos.

»Dann haben wir eine gebrauchte Badewanne gekauft. Das ging auch eine ganze Weile gut. Wir hatten es so eingerichtet, dass Coba, so heißt das Krokodil, selber rein und rauskriechen konnte. Aber, na ja, als sie noch größer geworden war, begann sie allmählich gefährlich zu werden. Vor ein paar Wochen kamen Freunde zu Besuch und brachten ihren Hund mit! Als sie hereinkamen, lag Coba unter dem Sofa. Aber plötzlich schoss sie hervor und stürzte sich auf den Hund. Fast hätte sie ihn erwischt!«

»Wie schrecklich«, murmelte Anne entsetzt und hielt die Hand vor den Mund.

»Das kann man wohl sagen«, fuhr der Mann fort. »Es kam nämlich plötzlich niemand mehr zu Besuch zu uns. Und das Krokodil wurde immer größer und größer. Zuletzt wagte sich meine Frau gar nicht mehr in das Zimmer hinein, in dem das Tier lag. Und als Coba noch großer wurde, habe ich mich auch nicht mehr hineingetraut.« Der Mann nahm sein Taschentuch und wischte sich den Schweiß von der Stirn. Von seiner eigenen Geschichte war ihm ganz heiß geworden.

»Und wie ging es dann weiter?«, fragte Anne.

»Wir begannen damit, Coba durch eine Durchreiche zu füttern. Jedes Mal, wenn ich das Zimmer betreten wollte, um ein bisschen sauber zu machen, schoss sie auf mich zu und schnappte nach meinem Bein. Außerdem begann

es in dem Zimmer immer mehr zu stinken. Unser ganzes Haus roch nach Krokodil. Und das Tier wuchs und wuchs immer weiter! Niemand traute sich mehr, in seine Nähe zu kommen. Meine Frau wurde ganz verrückt davon.«

»Wie schlimm«, sagte Lea leise. Was für eine Geschichte! Stell dir mal vor, du hättest so ein gefährliches Tier in deinem Haus. Nicht auszudenken!

»Aber wie haben Sie das Tier denn in Ihr Auto bekommen?«, fragte Anne.

»Ich habe mir in der Apotheke Schlaftabletten besorgt«, antwortete der Mann. »Die habe ich Coba unter das Essen gemischt. Und als sie fest schlief, habe ich sie ins Auto getragen. Und da liegt sie jetzt!«

»Auf dem Parkplatz? Du liebe Güte«, sagte Anne. »Wie groß ist denn das Krokodil?«

»Gut anderthalb Meter lang«, sagte der Mann und seufzte tief.

»Du liebe Güte«, wiederholte Anne. Dann schaute sie lachend zu Lea hinüber. »Ich denke, wir sollten einmal deinen Vater fragen, ob er noch ein Plätzchen für Coba hat.« Sie griff nach dem Telefon und tippte eine Nummer ein. Bald darauf kam Leas Vater zum Schalter. Er hatte noch seinen weißen Arztkittel an. Der Herr stellte sich als Herr Richter vor und erzählte die ganze Geschichte noch einmal. Dann meinte Leas Vater, er hätte noch ein Plätzchen für Coba.

»Wirst du sie jetzt aus dem Auto holen?«, fragte Lea.

»Ja«, sagte ihr Vater lachend. »Aber nicht alleine! Jan

und ein paar Kollegen müssen mir beim Ausladen helfen.
So ein Krokodil ist kein harmloses liebes Tierchen! Man
muss sehr vorsichtig mit ihm umgehen.«
»Da haben Sie allerdings recht«, sagte Herr Richter.
Dankbar schaute er Leas Vater an. »Sie können sich gar
nicht vorstellen, wie froh ich bin, dass ich das Tier jetzt
endlich loswerde.«
Zusammen mit Jan und ein paar anderen Aufsehern begaben sich Leas Vater, Herr Richter und Lea zum Parkplatz. Jan hatte ein paar kräftige Seile bei sich.
»Damit werde ich das gefährliche Krokodilmaul zubin-
den«, sagt er lachend zu Lea.
»Haben Sie denn gar keine Angst?«, fragte Herr Richter.
»Aber nein«, sagte Jan. »Wir sind solche Arbeiten hier
gewohnt. Letzte Woche erst mussten wir ein großes Nas-
horn in ein anderes Haus umziehen. Da haben wir sogar
einen Kranwagen gebraucht.«
»Wirklich?«, staunte Herr Richter.
»So wahr ich hier stehe!«, antwortete Jan.

Auf dem Parkplatz des Zoos war viel mehr Betrieb als
sonst. Große Busse aus allen Teilen des Landes parkten
dort, und außerdem mindestens hundert Autos.
»Wo steht denn Ihr Wagen?«, fragte Leas Vater.
»Dort hinten!«, zeigte Herr Richter. »Der rote.«
Jan machte eine Schlinge in sein Seil. Er überlegte mit
Leas Vater und den anderen Wärtern, wie sie das Kroko-
dil am besten aus dem Kofferraum herausbekämen. Lea

holte tief Luft. Jetzt begann die Sache langsam spannend zu werden.

Leas Vater und Jan begaben sich zum Auto. Ganz, ganz vorsichtig öffnete Leas Vater den Kofferraum.

»Nanu!«, rief Jan. »Der ist ja leer!«

»Oh weh!« Lea bekam einen Schrecken. War das Krokodil etwa entwischt?

Was wäre, wenn Coba geflohen und sich auf den Weg in die Stadt gemacht hätte! Was für eine Vorstellung, mitten in der Stadt plötzlich einem frei herumlaufenden Krokodil zu begegnen!

»Moment mal«, sagte Herr Richter plötzlich, »das ist ja gar nicht mein Auto. Es sieht genauso aus, aber mein Auto hat ein anderes Nummernschild.« Er blickte sich um. »Mein Auto steht etwas weiter dort drüben – da, bei dem Bus.«

Also gingen alle dorthin.

Plötzlich geschahen ganz viele Dinge gleichzeitig. Lea hörte, wie auf einmal eine Frau laut aufschrie.

»Hilfe! Hilfe!«, rief sie aus Leibeskräften. Sie ließ ihre Einkaufstasche fallen, warf beide Arme in die Luft und rannte quer über den Parkplatz. Die arme Frau war zum falschen Auto gelaufen und hatte die Heckklappe geöffnet ... und das war genau der Kofferraum des Fahrzeugs von Herrn Richter. Davon war Coba aufgewacht und hatte nach dem Arm der Frau geschnappt. Die hatte natürlich einen gehörigen Schreck bekommen. Leichenblass irrte sie zwischen den geparkten Autos herum.

»Was hat diese Frau an meinem Auto zu suchen?«, rief
Herr Richter wütend.

Leas Vater und Jan hatten alles beobachtet. Sie rannten
schnell zu Herrn Richters Auto und schlugen die Kof-
ferraumklappe zu, damit das Krokodil nicht entwischen
konnte.

»Um Himmels willen!«, stöhnte die Frau atemlos. »Das
darf doch nicht wahr sein! Ich öffne ahnungslos den Kofferraum und plötzlich sitzt da drin ein Ungeheuer, das
nach mir schnappt!«

»Das war Coba«, sagte Herr Richter. »Sie haben mein
Auto geöffnet!«

»Coba? Wer ist denn Coba?«, wollte die erstaunte Frau wissen.

»Coba ist ein Krokodil«, erklärte Lea.

»Um Himmels willen! Ein Krokodil«, rief die Frau erschrocken aus. Sie war immer noch ganz außer Atem. »Dieses furchtbare Biest hätte mich beinahe erwischt. Lebensgefährlich, so ein Tier in einem Auto zu verstauen!«

Wütend blickte sie Herrn Richter an.

»Was haben Sie auch an meinem Auto zu schaffen?«, sagte dieser, ebenfalls ziemlich verstimmt.

»Hoffentlich hat das Krokodil meine Tasche nicht verschluckt«, sagte die Frau nervös. »Mein Geld und meine Autoschlüssel sind darin.« Sie schaute Herrn Richter vorwurfsvoll an. »Wenn das Tier alles aufgefressen hat, müssen Sie mir den Schaden ersetzen!«

»Das wird ja immer schöner! Zuerst machen Sie sich an meinem Auto zu schaffen, und dann soll ich Ihnen auch noch den Schaden bezahlen?«

»Aber es ist Ihr Krokodil«, beharrte die Frau.

Beide waren so aufgeregt, dass sie kurz davor waren, aufeinander loszugehen.

Zum Glück hatte das Krokodil die Tasche nicht aufgefressen. Als Leas Vater, Jan und die anderen Aufseher es mit ein paar Seilen umwickelt und aus dem Wagen gehoben hatten, fand die Frau ihre Tasche in einer Ecke des Kofferraums. Nur ein paar Abdrücke von Krokodilzähnen waren im Leder zu erkennen.

»Bitte Platz machen«, rief Jan, denn natürlich hatten sich inzwischen eine ganze Menge Leute versammelt, um zu sehen, was dort auf dem Parkplatz vor sich ging.

Coba schlug heftig mit ihrem Schwanz. Doch solange das Seil straff um das gefährliche Maul des Krokodils gebunden war, konnte nichts passieren.

»Los, Männer«, rief Leas Vater lachend. »Bringt Coba ins Reptilienhaus. »Da haben wir ja einen ganz reizenden neuen Gast!«

»Puh!«, seufzte Herr Richter erleichtert. »Jetzt fällt mir wirklich ein Stein vom Herzen. Und meine Frau wird mindestens genauso glücklich sein!«

Jan und die anderen Zoowärter trugen Coba ins Reptilienhaus, wo auch die Schlangen, Schildkröten und anderen Krokodile wohnten. Dort ließen sie das Tier in einem großen Gehege frei.

Durch die dicke Glasscheibe sah Lea zu, wie Coba zunächst ihre neue Umgebung untersuchte, bevor sie langsam zwischen den Pflanzen hindurch und über einen Sandstreifen zum Wasser kroch. Dort legte sie sich an den Rand des Wassers und schlief ein paar Minuten später ein. Sicher war sie einfach erschöpft von dem vielen Rummel auf dem Parkplatz. Oder waren es doch noch die Nachwirkungen der Schlaftabletten?

Als Lea ein wenig später mit ihrem Vater und Jan zurück ins Zoogelände ging, vorbei an den Bären, Wölfen, Elefanten, Löwen, Tigern, Nilpferden, Seehunden und all den anderen Tieren, fand sie, dass sie doch das schönste Leben auf der ganzen Welt führte. Denn wer tausend Tiere um sich herum hat, der braucht sich niemals zu langweilen! Immer gibt es etwas zu beobachten und zu tun.

Sie fasste ihren Vater und Jan an der Hand. Und so liefen sie zu dritt durch den Zoo, um nachzusehen, ob die Giraffenmutter schon ihr Baby bekommen hatte.

Der Autor

Jaap ter Haar wurde 1922 in Hilversum geboren. Nach dem Abitur arbeitete er als Büroangestellter, bevor er die Niederlande nach der deutschen Besatzung im Zweiten Weltkrieg verließ, um sich in Frankreich der Résistance anzuschließen. Nach seiner Rückkehr nach Holland bekam er eine Anstellung als Korrespondent für den Rundfunk.

Seite 1954 war das Schreiben sein Hauptberuf. Über die holländischen Grenzen hinaus wurde er vor allem mit seinen Kinder- und Jugendbüchern bekannt.

Jaap ter Haar starb am 26. Februar 1998 in Laren. Seine Kinder- und Jugendbücher wurden in über zwanzig Sprachen übersetzt.

Lisa Boersen

Jani Kecke
und der blaue Tagträumer

Aus dem Niederländischen von Marianne Holberg

128 Seiten, gb.

Tim ist neun Jahre alt und nicht gerade der Schnellste
in seiner Klasse. Wie dumm, dass seinen Eltern und
Lehrern jegliches Verständnis für seine Tagträumereien
fehlt. Aber gerade das macht ihn zum Auserwählten für
den forschen Wichtel Jani Kecke, den außer Tim niemand sehen kann. Denn der hat gerade aus Versehen die
Königin in einen hundertjährigen Schlaf versetzt – und
nur Tim kann ihm helfen!
Ein aufgeweckter Wichtel – der nicht mit dem Sand-
männchen verwechselt werden will –, ein Held – der der
Königin gar nicht einmal so unähnlich ist – und ein Au-
pair aus Russland – oder ist sie vielleicht doch
eine Wahrsagerin? Das sind die Haupt-
personen dieses erfrischenden
Debüts von Lisa Boersen.

URACHHAUS